Fröhliche Weihnacht überall

Fröhliche Weihnacht überall

Humorvolle Geschichten

benno

Bibliografische Information
der Deutschen Nationalbibliothek
Die Deutsche Nationalbibliothek verzeichnet diese
Publikation in der Deutschen Nationalbibliografie;
detaillierte bibliografische Daten sind im Internet über
http://dnb.d-nb.de abrufbar.

ISBN 978-3-7462-3502-8

Stammerstr. 11, 04159 Leipzig
Zusammengestellt von: Volker Bauch, Leipzig
Umschlag: Ulrike Vetter, Leipzig
Gesamtherstellung: Kontext, Lemsel (A)

INHALTSVERZEICHNIS

Winternacht

Christian Morgenstern

Es war einmal eine Glocke,
die machte baum, baum …
Und es war einmal eine Flocke,
die fiel dazu wie im Traum …

Die fiel dazu wie im Traum …
Die sank so leis hernieder,
wie ein Stück Engleingefieder
aus dem silbernen Sternenraum.

Es war einmal eine Glocke,
die machte baum, baum …
Und dazu fiel eine Flocke,
so leis als wie ein Traum …

So leis als wie ein Traum …
Und als vieltausend gefallen leis,
da war die ganze Erde weiß,
als wie von Engleinflaum.

Da war die ganze Erde weiß,
als wie von Engleinflaum.

Der Schnupfen

CHRISTIAN MORGENSTERN

Ein Schnupfen hockt auf der Terrasse,
auf dass er sich ein Opfer fasse

– und stürzt alsbald mit großem Grimm
auf einen Menschen namens Schrimm.

Paul Schrimm erwidert prompt: „Pitschü!“
und hat ihn drauf bis Montag früh.

Der erkältetste Mensch der Welt

Axel Hacke

Hören Sie, ich bin schon wieder erkältet. If fpreffe dufch die Nafe ... Chchchch ... Pröööt! ... Schneuz, pfft, pfft! Hören Sie's?
Schrecklich, was? Sie könnten mich ein bisschen bedauern! Wozu bin ich erkältet, wenn mich keiner bedauert? Niemand hat, wenn er erkältet ist, entzündetere Nasenwände als ich, niemand fühlt sich angegriffener, niemandes Gesichtshaut wird blasser, und keine Schleimhaut der Welt rötet sich intensiver. Ich bin, wenn ich erkältet bin, der erkältetste Mensch der Welt. Das habe ich vom Vater geerbt. Mein Vater war sehr groß, und wenn er sich erkältet hatte, schlappte durchs Haus ein fiebernder Riese, der aus großen Tassen Kamillentee schlürfte und über metertiefen Schüsseln Inhalationsbäder nahm, um seine Bronchien zu durchfeuchten. Er trug einen grünen Wollschal, dessen Stoffmenge für mehrere Kinderwintermäntel ausgereicht hätte. Manchmal musste mein Vater niesen. Er nieste so heftig, dass die Türen der Küchenschränke aufsprangen und Geschirr auf den Boden fiel. Wir Kinder mussten die Scherben aufsammeln, unter weiteren Niesern geduckt, immer in

Angst, hinweggefegt zu werden wie Laub im Herbststurm.
Mein Vater hatte die Neigung zu unmäßigen Erkältungen vom Großvater geerbt. Mein Großvater war noch größer als mein Vater. Sobald er sich erkältet hatte, mussten einige Eimer mit heißem Bronchialtee bereitstehen. Meine Großmutter hatte alle halbe Stunde auf den Küchentisch zu steigen, um dem Großvater den Inhalt eines solchen Eimers in den Schlund zu gießen, wo die Flüssigkeit unter Zischen und Gurgeln verschwand. Ansonsten lag der Großvater im Wohnzimmer auf einer Chaiselongue, unter einer Wolldecke, welche ausgereicht hätte, schon damals den Reichstag zu verhüllen. Ab und an musste auch er niesen. Dann fiel Stuck von der Decke, und eine Mauer, die das Wohnzimmer von der Diele trennte, stürzte ein. Die Kinder, es waren ihrer sieben, mussten rasch die Steine wieder übereinanderstellen, damit ihr Vater keinen Zug bekam.
Es ist klar, dass mein Großvater diesen Hang zu biblischen Erkältungen seinerseits vom Vater ererbt hatte, meinem Urgroßvater. Dieses Urgroßvaters Nase war groß wie eine Restmülltonne, und sein Schneuztuch hätte einem Ehepaar als Laken dienen können. Der erkältete Gigant ließ sich aus einem Fass mit Hilfe eines Schlauches und einer Pumpe Kräutertee applizieren, während er in einem ächzenden Holzbett lag. Wenn sich der Körper in einer Welle von Verkramp-

fungen auf das Niesen vorbereitete, wurde in der Stadt Explosionsalarm gegeben. Männer eilten herbei, um meinen Urgroßvater aus dem Haus zu tragen. Er nieste in Richtung des benachbarten freien Feldes, damit niemand zu Schaden kam. Aber einmal, während der Erntezeit, erwischte es einen Bauern, dessen Leib von der Schallwelle davongetragen wurde und sich um einen kilometerweit entfernten Eichenstamm wickelte, als wäre er ein feuchter Umschlag.

Erwähnenswert erscheint mir noch, dass einer meiner Vorfahren mit dem Untergang von Pompeji in Verbindung gebracht wird, ein anderer mit dem Verschwinden des sagenhaften Atlantis, jener also möglicherweise vom Antlitz des Erdballs geniesten, ins Weltall hinausgehusteten Stadt.

Es war mir wichtig, die Dinge einmal in diesen Zusammenhängen darzustellen. Es gibt Personen, die mich für wehleidig halten, wenn ich erkältet bin, für einen hypochondrisch Leidenden und die Begleiterscheinungen seiner Infekte schamlos übertreibenden Jammerlappen. Ich habe diesen Leuten immer gesagt, dass es anders ist: Ich bin mit einer Art Erbkatarrh geschlagen, einer schweren Genverkühlung. Und ich habe Diffamierungen wie die erwähnten nicht verdient.

Dies alles fragt der Nikolaus

Abraham a Sancta Clara

Es ist eine uralte Gewohnheit, dass heutigentags der Nikolaus einkehrt. Er kommt aber schon eine Nacht vorher, die Kinder zu prüfen und zu examinieren, ob sie auch durch ihre Herren Lehrmeister, Hofmeister, Schulmeister, Rechenmeister, Sprachmeister und andere Informationsräte gut unterwiesen wurden in Glaubenssachen, im Buchstabieren, Silbenteilen, Lesen und Schreiben, im Rechnen, in Sprachen etc. So fragt der Nikolaus, wie sich die Kinder das ganze Jahr hindurch verhalten haben. Ob sie gern beten? Den Eltern und Lehrern gegenüber gehorsam sind? Ob zum Beispiel der Hans und der Paul nicht zu faul? Ob der Franz und der Ignaz kein schlimmer Fratz? Ob der Michel und der Fritz vielleicht gelernet nix? Dies alles fragt der Nikolaus.

Der Schandfleck

ARNO BACKHAUS

Jawohl, ich habe es getan! Weil ich es nicht mehr ertragen konnte, dieses Getue und Gefühlsgedusel, dieses Getöne. Ich will's nicht, ich mag's nicht, das ist nicht mein Ding! Und deshalb habe ich Weihnachten aus Gewissensgründen verweigert. Einfach so. Einfach?! Nein, so einfach war es nun auch wieder nicht. Im Gegenteil: Nicht zu glauben, wie schwer einem eine solche Entscheidung gemacht wird! Von wegen Meinungsfreiheit …

Kurz nach meinem 18. Geburtstag (ich hab im Juli) bekam ich den „Weihnachtserfassungsbescheid". Ich sei zur Weihnachtstauglichkeitsuntersuchung vorgeladen, teilte man mir darin mit. Es war Ende August – also höchste Zeit für die ersten Vorbereitungen, und – siehe da – die Schokoherzen begannen schon, die Supermärkte zu bevölkern. Was meinen Entschluss noch bestärkte.

„Willst du denn wirklich?", fragte meine Familie besorgt. „Vielleicht entstehen dir dadurch berufliche Nachteile … Denk daran, dein zukünftiger Chef ist immerhin ein alter Weihnachtsveteran und schon seit Jahrzehnten im Krippenspielausschuss unserer Stadt.

Außerdem war er maßgeblich an der Pfefferkuchendiskussion beteiligt, hat damals sogar einen Brief an das „Ministerium für die Veteranen und Gestaltung des deutschen Weihnachtsfestes“ geschrieben. Also überleg dir, ob du dir nicht Wege verbaust mit deiner Verweigerei. Und überhaupt, denk doch mal an uns. In unserer Familie hat bisher jeder sein Weihnachten ordnungsgemäß gefeiert.
Das drückte mich natürlich ziemlich. Schließlich wollte ich ja auch meinen Verwandten keinen Ärger machen. Trotzdem: Nein, ich blieb bei meinem Entschluss.
„Schreib der Behörde rechtzeitig“, hatte man mir geraten, „am besten, bevor der Weihnachtsmusterungsbescheid (kurz WMB) kommt.“ Also setzte ich mich hin, um ein entsprechendes Gesuch zu verfassen.
„Ich möchte hiermit Weihnachten aus Gewissensgründen verweigern. Da sich die Art und Weise des Feierns und die allgemeine Auffassung von Weihnachten nicht mit meiner persönlichen decken (ich finde, dass sich das Fest unverantwortlich weit von seiner ursprünglichen Bestimmung entfernt hat), bitte ich um die Befreiung von Weihnachten bzw. um die Zulassung zur Weihnachtsersatzfeier“, schrieb ich und berief mich dabei auf Artikel vier des Grundgesetzes. Erleichtert schickte ich das Dokument ab.
Ein paar Wochen später erhielt ich wie erwartet meinen Weihnachtstestbescheid, der den genauen Ter-

min enthielt, an dem ich beim Weihnachtsersatzamt erscheinen sollte. Knallhart ginge es da zu, munkelte man mir leise ins Ohr. Einige ranghohe Weihnachtsmänner würden da ziemlich fiese Fragen stellen. Mir wurde mulmig. Aber es nutzte ja schließlich alles nichts. So erschien ich dann am 6. Dezember zum Test.

Der lange Flur, den ich entlanggehen musste, wirkte äußerst einschüchternd. Hinter allen diesen Türen lauerten irgendwelche Weihnachtsmänner und warteten nur darauf, mich auseinanderzunehmen. Sollte ich denn wirklich …? Fast kam ich ins Zweifeln.

„So, so - Sie wollen also Weihnachten verweigern", sagte der würdige Greis mit dem langen weißen Bart in herablassendem Ton. Dann wurde er plötzlich eisig und fragte mit schneidender Stimme: „Wie kommen Sie dazu? Sie verweigern unserer ruhmreichen Tradition den Gehorsam. Sie missachten uns und unsere Anstrengungen in Vergangenheit und Gegenwart. Sie sind ein Schandfleck in der Geschichte der Weihnachtsfeier!"

Ich schluckte.

„Also noch einmal: Warum wollen Sie Weihnachten verweigern?" Ich wiederholte mein Sprüchlein, unterbrochen von einem empörten Schnaufen.

Danach begann der zweite Weihnachtsmann sehr sachlich: „Aber sehen Sie doch mal, welchen Schaden Sie unserer Gesellschaft – nicht nur ideologisch, auch materiell – durch Ihre Verweigerung zufügen! Sie sind zunächst ein schlechtes Vorbild für den

Nachwuchs. Jemand, der Weihnachten, das Familienfest, verweigert, der hält doch auch nicht viel von Natur- und Brandschutz! Dem ist es doch, ganz logisch, auch egal, wie viel Gramm Staubzucker auf ein Plätzchen gehören und wie viel Rosinen in ein Stück Stollen. Ist Ihnen das nicht klar?“

Ich verneinte bescheiden.

„Aber begreifen Sie denn nicht: Wenn Sie nicht feiern, feiert vielleicht irgendwann auch Ihre Familie nicht mehr. Danach die Nachbarn, dann die Straße … und was ist das Ende? Anarchie!“ Ich folgte seiner Beweisführung staunend und mit leicht offenem Mund.

„Und was noch schlimmer ist: Sie schädigen durch den Ausfall Ihrer Kaufkraft die Industrie, Sie hemmen das Wirtschaftswachstum, Sie bremsen das Bruttosozialprodukt!“

Ich schluchzte beschämt. Er beugte sich ruckartig zu mir, sah mir streng ins Angesicht und fragte: „Wollen Sie das?"

Ich konnte nur noch den Kopf schütteln.

„Na also“, sagte er. „Ich sehe, Sie sind zur Einsicht gelangt, dass …“

„Nö“, sagte ich.

„Aber, aber“, sagte nun der dritte Weihnachtsmann betont freundlich und sah mir väterlich in die Augen. „Ihre armen Eltern. Die sind dann doch zu Weihnachten ganz, ganz allein. Der Weihnachtsbaum brennt –“

Ich grinste.
„– äh – die Kerzen auf dem Weihnachtsbaum brennen, die Gans brutzelt in der Röhre, aus dem Radio singt –"
„Heino?", bot ich an.
„– aus dem Radio singt der Dresdener Kreuzchor – und Sie wollen nicht mitfeiern. Schämen Sie sich!"
Er schenkte mir einen langen, traurigen Blick, und eine dicke Träne rollte in den weißen Hängebart.
„Aber das hab' ich doch gar nicht gesa...", begann ich.
„Halten Sie den Mund, wenn Sie mit uns reden!", brüllte der erste Weihnachtsmann, dass die Nadeln vom Tannenzweig fielen.
„Wenn Sie am 24. Dezember allein auf einer Insel wären mit einer Kerze und einem Streichholz. Was würden Sie nach Einbruch der Dunkelheit tun?"
„Ich – äh – vielleicht die Kerze anzünden?", stotterte ich.
„Ha, da haben wir's! Sie sind gar kein Weihnachtsverweigerer aus Überzeugung. Sie sind nur zu faul zu feiern. Aber nicht mit uns, nicht mit uns!"
Dann wurde ich noch gefragt, ob ich schon mal was mit einem Weihnachtsmann hatte, ob ich an den Nikolaus glaube, ob ich an den Baum auch Ostereier hängen würde, wie ich das mit dem Tierschutz vereinbaren könnte, ob ich an ein Leben nach Silvester glaube, wo ich meine Uhr geklaut hätte, warum ich

Plomben habe, wieso ich nicht schon fünf Jahre älter bin, ob ich wüsste, dass ich der Abschaum der Menschheit wäre, und andere Nebensächlichkeiten.
Schließlich stand mir noch die gesundheitliche Überprüfung bevor. Dabei sollte ich neun von zehn Anisplätzchen am Geschmack erkennen, mit geschlossenen Augen einen Adventskalender öffnen und mich im Halbkreis aufstellen und „O du fröhliche“ zweistimmig singen.
Als Abschluss bekam ich die Aufgabe, die Bedeutung des Weihnachtsfestes zu erklären. Ich begann: „Vor zweitausend Jahren wurde in Betlehem ein Kind geboren. Aber es war kein gewöhnliches Kind. Es war Jesus Christus, Gottes Sohn, der auf die Erde kam, um einer von uns zu werden. Deshalb versteht uns auch keiner so gut wie er. Tja, und dieser Jesus soll für mich der Sinn des Weihnachtsfestes sein, nicht Lametta und Gänsebraten. Und …“
„Nein!“, unterbrach man mich giftig. „Doch nicht das. Das wissen wir. Das ist doch alt. Können Sie nichts über Weihnachten als Lichterfest, als Familienfest, als Fest des Schenkens sagen?“ Ich bedauerte, gerade dies sei ja der Grund meiner Verweigerung.
Schließlich stand ich aufatmend, aber auch etwas beklommen wieder auf der Straße. Ob ich die hohen Weihnachtsmänner überzeugt habe? Der Weihnachtsersatzfeier-Einberufungsbescheid (WEFEB) wird es zeigen …

Der Stein

JOACHIM RINGELNATZ

Ein kleines Steinchen rollte munter
Von einem hohen Berg herunter.

Und als es durch den Schnee so rollte,
Ward es viel größer als es wollte.

Da sprach der Stein mit stolzer Miene:
„Jetzt bin ich eine Schneelawine.“

Er riss im Rollen noch ein Haus
Und sieben große Bäume aus.

Dann rollte er ins Meer hinein,
Und dort versank der kleine Stein.

Der Seufzer

CHRISTIAN MORGENSTERN

Ein Seufzer lief Schlittschuh auf nächtlichem Eis
und träumte von Liebe und Freude.
Es war an dem Stadtwall, und schneeweiß
glänzten die Stadtwallgebäude.

Der Seufzer dacht an ein Maidelein
und blieb erglühend stehen.
Da schmolz die Eisbahn unter ihm ein –
und er sank – und ward nimmer gesehen.

Eine schrecklich nette Familie

VON CHRISTOPH MAAS

Sie hatten soeben angefangen, Abendbrot zu essen, als Bernd stolz erzählte, er habe in der Fußgängerzone einer alten Frau auf die Beine geholfen. Vater Heinz schaute kurz über den Autoteil der Zeitung und musterte seinen fünfzehnjährigen Sohn skeptisch. „Entweder du bist von adventlichen Hormonen überrumpelt worden. Oder es ist nur die halbe Geschichte." Die jüngere Schwester Luci lachte vergnügt, während sie sich eine weitere Toastscheibe aus der Tüte nahm und dick mit Schokocreme bestrich. Mutter Erika schüttelte den Kopf, denn ihre Jüngste nahm in letzter Zeit bedenklich zu. Der Bruder ärgerte sie gerne mit der Bezeichnung „Pfannkuchen".
Heinz studierte weiter die Autoinserate. Bernd konnte dem herausfordernden Blick seiner Mutter nicht widerstehen und ergänzte schließlich seine Schilderungen, als sie mit einer entsprechenden Handbewegung Geldzählen andeutete. „Mehr als ein grüner", antwortete ihr Sohn. Diese Aussage ließ den Vater aufhorchen. „Was hast du gesagt? Über hundert Euro?" Bernd nickte, als habe er das Lob

schon empfangen. „Alle Achtung!“, staunte Erika. „Kannst du mir gleich rüberreichen. Morgen muss der Kühlschrank gefüllt werden.“ Bernd hatte die alte Fußgängerin im dichten Gewühl angerempelt, so dass sie stürzte, und ihr dann aufgeholfen, bei der Gelegenheit ihre Handtasche an sich genommen und sich schnell aus dem Staub gemacht. „Was war da noch drin?“ wollte Luci, die Dreizehnjährige, wissen. Bernd machte es spannend und sagte: „Kurz vor Weihnachten darf man nicht alles verraten.“ Während Erika anfing, sich die Lockenwickler aus dem Haar zu drehen, nahm Bernd sich ein weiteres Stück Fleischwurst aus der Frischhaltedose. Er hatte sein Tagessoll erfüllt und ließ es sich schmecken. „Du könntest mal wieder die andere Sorte mitbringen“, sagte er. Die Mutter gab ihm jedoch zu verstehen, dass im Lebensmittelmarkt Richter die Kühlregale nicht mehr in der hinteren Ecke stehen, sondern in Sichtweite der Kasse. Das leuchtete dem Filius ein. Man durfte sich ja nicht unnötig verdächtig machen. Familie Rieden wohnte erst seit zwei Jahren in der Kleinstadt, aus taktischen Gründen sozusagen. Hier kannte sie noch niemand näher. Eine ehemalige Autowerkstatt hatten sie zu Wohnräumen umgebaut. Die Hebebühne neben dem sehr provisorisch wirkenden Wohnzimmer war geblieben. Die frühere Werkstatttür von schweren Gardinen vor den Blicken von außen geschützt. Egal in welchem Zimmer die

Familie sich aufhielt, es roch immer noch unangenehm nach Motorenöl. Da halfen auch die Räucherstäbchen nicht, die Erika in einem Dekorationsgeschäft auf ihre Weise „erworben“ hatte. Aus der Küche im früheren Büro lag der Vorplatz im Blick. Die Nachbarschaft hatte sich zunächst erstaunt gezeigt, als in dem heruntergekommenen, niedrigen Gebäude eine Familie einzog. Als dann im Laufe der Zeit immer mehr Blumenkübel zur Straße hin ihren Platz fanden und die Grenzmauer gestrichen wurde, äußerten sich manche Leute von nebenan lobend. „Letztens hat Frau Heimfeld vom Haus da drüben gesagt, wir hätten so freundliche und hilfsbereite Kinder“ erzählte Erika und lächelte dabei verschmitzt. Es bewährte sich also, was Heinz kurz nach dem Einzug angeordnet hatte: „Hier bei uns in der Straße keine krummen Sachen.“ Jeder schien sich daran zu halten. Der älteste Sohn könnte sowieso nicht in Versuchung geraten. Er bewohnte schon fast eineinhalb Jahre die Justizvollzugsanstalt in der nahe gelegenen Großstadt. Auf die Frage der Frauen aus der Umgebung, wie viele Kinder sie denn hätten, erzählte Erika jedes Mal auch von ihrem Torsten, der für längere Zeit im Ausland berufstätig sei. In der Familie musste er immer wieder als Beispiel für Leichtgläubigkeit herhalten. „Man darf nicht jedem vertrauen“, bläute Heinz seiner Familie ein. Wieder einmal versagte der Fernseher seinen Dienst. Es war vielleicht doch nicht die beste Idee gewesen, das Kabel anzuzapfen. Eine Satellitenschüssel musste her. Wo nun schon mal alle beieinander saßen und Chips knabberten, kam der Vater auf das bevorstehende Weihnachten zu sprechen. „Ihr wisst, dass in wenigen Tagen das Christfest beginnt“, sagte er mit wichtiger Miene. „Diese Tage sind von Liebe und Hilfsbereitschaft geprägt. Deshalb haben eure Mutter und ich uns vorgenommen, die vier alten Damen in unserer Straße zu besuchen und ihnen ein Adventsgesteck zu bringen.“ Dann verteilte er die Aufgaben. Luci sollte mit ihm die Besuche machen. Und Bernd mit seiner Mutter. „Aber nichts einstecken“, forderte er mit drohendem Zeigefinger. „Schließlich ist es eine Heilige Zeit. Ihr wisst doch, dass wir die Geburt von Jesus feiern, der den Menschen Hoffnung gebracht hat.“ „Gar nichts organisieren?“, fragte Bernd zurück. Das war der Ausdruck, der von allen gebraucht wurde. „Klauen“ hörte sich dagegen zu negativ an. Schließlich waren sie eine Familie, die das Wohl anderer im Blick behielt. Letztens noch hatte Heinz einem älteren Nachbarn die Scheibenwischer ausgewechselt. Vielwissend streckte Bernd seinem Vater den erhobenen Daumen entgegen und grinste ihn dabei an.

Jedenfalls stellten sich alle vier innerlich auf die heiligsten Tage des Jahres ein. Nur Bernd spürte jetzt schon die Langeweile. Und als Heinz sagte, sie wollten in diesem Jahr gemeinsam eine Christvesper am

Heiligen Abend besuchen, war Bernd sofort bei der Sache. „Da kommt doch bestimmt eine Menge Kohle zusammen. Die Tür zur Sakristei steht meistens auf, wenn in der Kirche was los ist." Der Vater winkte mit einer heftigen Handbewegung ab. „Kommt überhaupt nicht in Frage", sagte er. Wir werden alle nebeneinander bis zum Schluss in der Bank sitzen und anschließend nach Hause gehen." Bernd fügte sich schließlich der Autorität seines Erzeugers. Man musste ja wirklich die Arbeit mal ruhen lassen. „Von deiner Schule kam heute ein Brief", fiel der Mutter plötzlich ein. „Wieso bist du mehrere Tage hintereinander nicht im Unterricht gewesen?", wollte sie wissen. Bernd zuckte mit den Schultern und antwortete teenagermäßig: „War gerade nicht so mein Ding". Demnächst hätte er es aber wieder auf dem Bildschirm. Die Antwort schien zu genügen. Luci dagegen fand es ganz lustig, in die Schule zu gehen. Sie mochte ihre Klassenlehrerin. Als Bernd aufstehen wollte, um ins Bett zu gehen, erzählte sein Vater, der Pfarrer habe ihn angesprochen und gesagt, er verstehe doch etwas von Autos. Sie suchten ein geeignetes Fahrzeug für die Jugendgruppe. Das bisherige sei reif für den Schrott. Heinz habe sich geehrt gefühlt und versprochen, Ausschau zu halten. „Ist das nicht ein bisschen gefährlich?", wollte Erika wissen. „Mit der Kirche und so?" Ihr Mann sah da kein Problem. Er hatte seine Fühler bereits ausgestreckt.

In den Tagen darauf bestimmten die Weihnachtsvorbereitungen das Leben der Familie. Mit ihrem ganz eigenen Charme gaben sie den Festtagen einen Charakter. Draußen und im Haus dominierten viel zu viele Lichterketten. Vor dem Haus blinkte ein Rentier unaufhörlich. Und an der Hauswand kletterte ein Weihnachtsmann aus Kunststoff hoch. Bernd fand das alles furchtbar kitschig, konnte sich jedoch gegen die Mehrheit nicht durchsetzen. Die vielen roten und weißen Sterne im Haus passten in seinen Augen irgendwie nicht zu der babygroßen Puppe, die notdürftig mit einem Leinentuch auf einem wackeligen alten Sessel saß. „Was soll das denn sein?“, fragte er seine Mutter. „Na, das Jesuskind“, antwortete sie. „Es fehlen zwar noch Josef und Maria und die Krippe. Das konnte ich noch nicht besorgen.“ „Sogar das heilige Kind hat sie irgendwo mitgehen lassen“, sagte Bernd zu sich selbst. Dabei lebten sie gar nicht immer von der Hand in den Mund. Wenn der Vater mal wieder eins seiner Autogeschäfte erfolgreich abgeschlossen hatte, dann gingen sie sogar schon mal ganz fein essen; erst vor wenigen Wochen war es gewesen im nahe gelegenen Dönerladen. Jeder bekam seine eigene Teigtasche und sogar ein Getränk dazu. Vater hatte sich sehr spendabel gezeigt und sogar ein Trinkgeld draufgelegt. Sie wollten schließlich, dass die Leute gut über sie reden. Familie Rieden stammte immerhin aus einer langen Dynastie.

Frühere Generationen hießen sogar „von Rieden“, bis ein Historiker festgestellt hatte, dass sich das kleine Wörtchen „von“ auf unerklärliche Weise eingeschlichen haben musste. Das war lange her. Trotzdem fühlte die Familie sich, warum auch immer, als etwas Besonderes.
Wenn Bernd und Luci, die eigentlich „Lucia“ heißt, von jemandem gefragt wurden, was ihr Vater beruflich mache, dann lautete die Antwort: „Mein Papa muss nicht arbeiten; er hat genug Geld, denn unsere Vorfahren waren Adelige.“ Dabei wusste Bernd zu genau, dass sie nur aus dem kleinen Dorf „Rieden“ stammten.
Der jüngere Sohn war immer für Überraschungen gut. Mutter hatte soeben die Weihnachtsgans ausgenommen, die wer weiß woher gekommen war, als Bernd erzählte, er mache bei der Spendenaktion für die kleine leukämiekranke Marie mit. Vor Schreck ließ die Frau die Schere fallen, als sie die Spendendose erblickte. „Du und Spenden sammeln“, ereiferte Erika sich. „Wie viel soll denn hinterher davon übrig bleiben.“ „Ach, Mama“, beruhigte er sie, „ich glaube, nicht nur die nächsten Tage sind heilig; bei mir ist auch so ein Gefühl.“ Beide lachten schallend los. Bernd nahm die Dose und zog ab in die Stadt. Im selben Augenblick kam Luci nach Hause und packte ihre Jackentaschen aus. Mit enttäuschter Miene musterte sie die magere Ausbeute. Sie war eine fast perfekte Taschendiebin.

„Wieso haben die Leute nur so wenig Geld bei sich“, ärgerte sie sich. Die Mutter antwortete: „Sei nicht traurig, kurz vor Weihnachten ist jeder knapp bei Kasse. Da heißt es für uns Riedens, hart arbeiten zu müssen.“ Ganz zufrieden schien das Mädchen mit der Antwort nicht zu sein. Als das gestohlene Handy sich plötzlich meldete, erschrak sie fast zu Tode. Sie hatte vergessen, es auszuschalten. Erika nahm ihre Tochter in den Arm und tröstete sie: „Immerhin hast du jetzt so ein schönes Gerät; das hat der Weihnachtsmann bestimmt für dich ausgesucht.“

Familie Rieden kam immer anders zu ihren Geschenken als die Leute sonst. Ein schlechtes Gewissen machten sie sich daraus nicht. Sie staunten nicht schlecht, als Bernd zwei Stunden später mit einer vollen Spendendose nach Hause zurückkehrte. „Die Leute haben gegeben wie verrückt“, erzählte er, noch ganz außer sich. „Und gleich nach dem Essen gehe ich zu Herrn Breitmeier, der die Dosen alle einsammelt.“ Das Missfallen seiner Familie konnte ihn nicht davon abhalten. Am nächsten Morgen klingelte es an der Haustür. Ein Nachbar brachte den Lokalteil der Tageszeitung vorbei. Auf der ersten Seite stach das Foto von Bernd in die Augen, als er das gesammelte Geld an den Vereinsvorsitzenden übergab. In dem großen Artikel war zu lesen: „Ein Beispiel dafür, dass auch junge Leute in unserer Zeit sich selbstlos für bedürftige Menschen einsetzen, ist der fünfzehnjährige Bernd Rieden. Er hatte das meiste Geld für das leukämiekranke Mädchen eingenommen. Mit seiner Familie wohnt er erst seit zwei Jahren in unserer Stadt. In den vergangenen Tagen haben sie alte Menschen besucht und ihnen Adventsgestecke gebracht. Bernds Vater engagiert sich sogar in der Kirchgemeinde für einen neuen Kleinbus. Von solchen Familien könnte es mehr geben." Sichtlich gerührt las Heinz den Artikel vor. Wenige Augenblicke waren sie sogar selbst davon überzeugt.

Der vierundzwanzigste Dezember war angebrochen. Am Tag vorher hatten sie Torsten im Gefängnis besucht und ihm ein Päckchen mit Naschwerk für das Weihnachtsfest gebracht. Dass sie sehr günstig an die Sachen gekommen waren, sah man ihnen nicht an. Einige Tränen waren geflossen. Zum ersten Mal konnte der Sohn, der mager und blass aussah, nicht mit seiner Familie Weihnachten feiern. Der Mutter brach es fast das Herz, als sie sah, wie ihr Ältester in seinen Haftraum zurückgeführt wurde. Heinz klopfte ihm auf die Schulter und sagte: „Hier kannst du wenigstens in Ruhe Weihnachten feiern."

In der umgebauten Autowerkstatt, oder besser gesagt, in der provisorisch umfunktionierten, duftete es nach einem Gemisch von Gänsebraten, Autoreifen, Motorenöl und Räucherstäbchen. Heinz hatte nämlich pünktlich zum Fest einen Kleinbus für die Kirchgemeinde aufgetrieben. Das Fahrzeug stand auf der

Hebebühne neben der spanischen Wand, die Werkstatt und Wohnraum voneinander trennte. Es gehörte zu den Grundregeln der Familie, dass niemand sagte, woher etwas stammte. Damit konnten sie den wohltuenden Frieden untereinander bewahren.
Bernd war noch einmal in der Stadt gewesen und kam vergnügt lächelnd nach Hause. „Haben wir nicht ausgemacht, dass am Heiligen Abend …?“ Sie konnte den Satz nicht zu Ende führen, als Bernd ihr erklärte: „Ich habe einer alten Dame die Einkaufstüten nach Hause getragen.“ Erika verdrehte die Augen und schüttelte den Kopf. Das konnte doch nur die eine Seite der Wahrheit sein. Dann wühlte er ein Päckchen Lebkuchen aus der Jackentasche und zeigte es ihr: „Das hat sie mir als Dankeschön geschenkt.“ Und Erika sagte leise zu sich selbst: „Der Junge wird sich doch wohl nicht zum Nachteil verändern?“
Als es draußen dunkel wurde, kam Heinz mit verschmierten Händen aus der Werkstatt. Erika trug ein Kostüm mit einer kitschig rosafarbenen Bluse darunter. Nur hatte sie vergessen, vorher das Preisschild abzureißen. Luci sah hübsch aus in ihren neuen Sachen. Bernd hielt nichts von schicker Kleidung. Er schien nur eine einzige Jeans zu besitzen. Dann machten sie sich bald auf den Weg zur Kirche und mischten sich in den Strom der Menschen ein. Erikas Gedanken gingen zu ihrem ältesten Sohn. Als der

Pfarrer die Worte las „Ehre sei Gott in der Höhe und Frieden auf Erden bei den Menschen seines Wohlgefallens“, da wurde es den Eltern warm ums Herz. Luci gefiel das Krippenspiel. Und Bernd dachte die ganze Zeit an die üppige Kollekte in der Sakristei. Beim Singen hielt er seine Lippen lieber geschlossen. Später am Ausgang konnte Heinz dem Pfarrer die freudige Mitteilung machen, dass er ein passendes Fahrzeug für die Jugendgruppe gefunden habe. Wie man das „gefunden“ zu verstehen hat, blieb ein Geheimnis der Familie, die mit heiligen Gefühlen die weihnachtliche Wohnstube ansteuerte. Irgendwie hatte sie etwas vom Stall in Betlehem in ihrer Einfachheit. Bernd regte sich jedenfalls auf, dass es für das Kind keinen Platz in einer Herberge gegeben hatte. „Bei uns wären die nicht weggeschickt worden“, sagte er mit bestimmtem Tonfall. Luci meinte daraufhin: „Aber die Krippe damals war bestimmt nicht geklaut.“ „Was für ein Wort am Heiligen Abend“, sagte Heinz verschmitzt. Alle lachten und freuten sich am weihnachtlichen Glanz.

Weihnachten von A bis Z

ROTRAUT SUSANNE BERNER

… ach, am Abend Äpfel braten,
backen, basteln, Christbaumschmuck!
Durch die Dämmrung eilen Engel,
Esel, Eisbärn, einsam frierend.

Fette Gänse gackern herdwärts,
heimlich im Innern ist jedermann jung,
jauchzet, jubelt, jonglieret Kometen,
knistert, knetet, knabbert Konfekt.

Kinder lassen Lichter leuchten,
lauschen Liedern, lesen lange;
mollige Mädchen mahlen Mandeln,
mischen Mehl mit Marzipan.
Mit Naschwerk nahet nächtens Niklas,
netten Nachbarn, Neffen, Nichten
Nüsse, Nougat offerierend.
Onkel, Omas, packen Päckchen,

pralle Postgebäude platzen,
Paten plündern Portemonnaies,
pfänden Perlen, Pelz, Paläste –
Quanti-, Quali-, Raritäten!

Rastlos rennen Rauschgoldengel,
Schneemann, Söhne, Schwiegermütter,
Tanten, Tannen und Verwandte,
Väter, Vettern, Weihnachtsmänner.

Wünsche werden wieder wahr,
weiße Weihnacht, X-mas, yeah!
Zwischen zerdrückten Zuckerplätzchen
zuletzt Zweifel, Zahnweh – ach …

Fröhliche Weihnachten oder Das Wunder von Striegeldorf

SIEGFRIED LENZ

Vieles hat sich unter Weihnachten in Masuren ereignet, weniges aber kommt an Merkwürdigkeit gleich jenem Vorfall, den mein Großonkel, ein sonderbarer Mensch mit Namen Matuschitz, auslöste. Ich möchte davon erzählen auf jede Gefahr hin.

Heinrich Matuschitz, ein fingerfertiger Besenbinder, hatte sich an einem fremden Motorrad vergangen und war für wert befunden, einzusitzen für ein halbes Jahr. Er saß zusammen mit einem finsteren Menschen mit Namen Mulz, der ein alter Forstgehilfe war und dem die Wilddiebe, hol sie der Teufel, zwei Frauen nacheinander von der ehelichen Seite fortgefrevelt hatten, woraufhin Otto Mulz in gewalttätigem Kummer den ganzen Striegeldorfer Forst anzündete. Gut. Die Herren leisteten sich rechtschaffen Gesellschaft in ihrer Zelle, beobachteten die berühmten Striegeldorfer Sonnenuntergänge, plauderten aus ihrem Leben, und derweil taten Wochen und Monate das, wovon sie scheint's niemand abbringen kann: Sie strichen ins Land, rückten vor, diese Monate bis zum

Dezember, brachten Schnee mit, brachten Frost, bewirkten, daß das schmucklose Gefängnis beheizt wurde, taten so, was man von ihnen erwartet. Insbesondere aber brachten sie näher gewisse Termine, und mit den niederen Terminen auch den Obertermin sozusagen: den Heiligen Abend nämlich.

Nun fällt es einem Masuren schon schwer genug, auf die Annehmlichkeiten der Freiheit im allgemeinen zu verzichten, furchtbar aber wird es, wenn man ihn zu solchem Verzicht auch am Heiligen Abend zwingt. Demgemäß wandte sich Heinrich Matuschitz, mein Großonkelchen, an seinen Zellenbruder, sprach ungefähr so: „Der Schnee, Otto Mulz", so sprach er, „kündigt liebliches Ereignis an. Nimmt man den Frost noch hinzu und das Gefühl im Innern, so muß der Heilige Abend nicht weit sein. Habe ich richtig gesprochen?"

„Richtig", sagte der alte Forstgehilfe.

„Also", stellte mein Großonkelchen befriedigt fest. Dann starrte er hinaus in den wirbelnden Flockenfall, sann, während er sich am Gitter festhielt, ein Weilchen nach, und nachdem ein neuer Gedanke ersonnen war, sprach er folgendermaßen:

„Das Ereignis", so sprach er, „das liebliche, es steht bevor. Jedes Wesen in Striegeldorf und Umgebung ist angehalten, sich zu freuen. Die Menschen sind angehalten, die Hasen, die Eichhörnchen, und schon gar nicht zu reden von den Kindern. Nur wir, Otto

Mulz, sollen gebracht werden um unsere Freude. Weil sich aber jedes Wesen zu freuen hat an diesem Termin, müssen wir ersinnen einen Ausweg."
„Man will uns", sagte der alte Forstgehilfe, „die Freude stehlen." – „Eben", sagte Heinrich Matuschitz, mein Großonkel. „Aber wir werden uns, bevor es dazu kommt, die Freude besorgen, und zwar da, wo sie allein zu finden ist: in der Freiheit. Wir werden uns zum Heiligen Abend beurlauben."
„Das ist, wie die Dinge liegen, gut gesagt", sprach Mulz. „Nur wird der alte Schneppat uns nicht bewilligen solchen Urlaub zur Freude. Unter den Aufsehern, die ich kenne, ist Schneppat der Schlimmste. Man wird uns, schlickerdischlacker, gleich wieder schnappen, zumal durch meine persönliche Feuersbrunst verlorengegangen sind die schönsten Verstekke im Walde."
Bei diesen Worten wies er mit ordentlicher Bekümmerung auf die traurigen Baumstümpfe, die vom Striegeldorfer Forst nachgeblieben waren.

Das Großonkelchen indes gnidderte, das heißt: lachte versteckt, legte dem Otto Mulz einen Arm um die Schulter, winkte sich sein Ohr ganz nahe heran und sprach: „Uns wird", so sprach er, „überhaupt niemand vermissen, kein Schneppat und niemand. Denn wir werden zurücklassen unser Ebenbild. Wir werden hier sein und nicht hier."
Was Otto Mulz dazu brachte, mein Großonkelchen zuerst erstaunt, dann mißtrauisch und schließlich mitfühlend anzusehen und nach einer Weile zu sagen: „Manch einen, Heinrich Matuschitz, hat große Freude schon blöde gemacht. Denn erkläre mir, bitte schön, wie ein Mensch gleichzeitig sein kann bei dem lieblichen Ereignis in der Freiheit und hier in der Zelle."
Obwohl diese Worte, man wird es zugeben, nicht unbedingt höflich waren, verlor das Großonkelchen weder Faden noch Geduld, sondern begann mit listigem Lächeln zu flüstern, und zwar flüsterte er dermaßen vorsichtig, daß nicht einmal etwas für diese Erzählung erlauscht werden konnte. Sicher ist nur, daß er damit den Otto Mulz, sei es überredete, sei es überflüsterte; denn das finstere Gesicht des alten Forstgehilfen hellte sich auf, spiegelte Teilnahme, spiegelte Begeisterung, und zuletzt spiegelte es – na, sagen wir: Verklärung.
Und dann begab sich folgendes: Heinrich Matuschitz, mein Großonkel, aß kein Brot mehr – ebensowenig aß es sein Zellenbruder –; und jede Ration wurde unter dem Bett versteckt, wurde gestreichelt und gehütet,

während das liebliche Ereignis unaufhaltsam heraufzog. Die einsitzenden Herren wurden, je näher das Ereignis kam, unruhiger, gespannter und flattriger, man plauderte nicht mehr aus dem Leben, fand keine Zeit zu müßiger Beobachtung, alles an ihnen war nur noch eingestellt in Richtung auf das Kommende und auf das, was zwischen ihnen geflüstert war.
Und eines Morgens, nachdem der Frost sie muntergekniffen hatte, erhob sich Heinrich Matuschitz und gab preis, was er so sorgfältig auch vor uns verborgen gehalten hatte: fingerfertig, wie mein Großonkelchen war, zog er das gesparte Brot unter dem Bett hervor, benetzte es auskömmlich und begann, weiß der Kuckuck, aus dem weichen Brot den Kopf des alten Forstgehilfen zu kneten. Walkte und knetete mit einem Geschick, daß sich dem Otto Mulz die Sprache versagte; zog eine Nase aus, das Großonkelchen, klatschte eine Stirn zurecht, schnitt zwei Lippen in den Teig – und alles haargenau nach dem Original des Forstgehilfen. Lachte dabei und sprach:
„Der wird", sprach er, „Otto Mulz, genau wie du. Hoffentlich steckt er nur keinen Forst an."
„Mir wird es", sprach Mulz, „unheimlich zumute. Obwohl ich weiß, Heinrich Matuschitz, daß du manches kannst schnitzen mit deinem Messer, wußte ich doch nicht, daß du einen Striegeldorfer formen kannst nach seinem Ebenbild."
Dann sah er atemlos zu, wie Ohr und Kinn entstanden, und zuletzt hielt er zitternd still, als ihm das

Großonkelchen ein paar Haare absäbelte und sie an den Brotkopf klebte.
„Pschakrew", sagte der Forstgehilfe, „wenn ich schon früher so doppelt gewesen wäre, dann hätte einer von mir zu Hause bleiben können: die Wilddiebe hätten sich nicht rangetraut, die Frau wäre mir geblieben, ich hätte den Forst nicht angezündet und brauchte hier nicht zu sitzen. Wenn ich, pschakrew, das alles gewußt hätte."
Nachdem der Kopf des Forstgehilfen fertig war, fabrizierte mein Großonkelchen sich selbst, und weil das Brot nicht hinreichte, nahm er zur Ausbildung des Hinterkopfes einige Pfefferkuchen, die ihnen, da das liebliche Ereignis unmittelbar bevorstand, hereingeschoben worden waren.
Kaum war er fertig damit, als die Klappe in der Tür fiel und Schneppat, der kurzatmige Aufseher, hereinschaute zum Zweck der Kontrolle. Er schaute wichtigtuerisch, dieser Mensch, und zum Schlusse fragte er in seiner höhnischen Besorgtheit: „Na", fragte er, „was wünschen sich die Herren zum Heiligen Abend?"
„Schlummer", sagte mein Großonkelchen prompt. „Wir möchten bitten das Gesetz um langen, ungestörten Festtagsschlummer."
„Könnt ihr haben", sagte Schneppat. „Aber da ich nicht hier bin, werd' ich es Baginski sagen, dem Aufseher aus Sybba. Er löst mich ab für zwei Tage. Wer schlummert, sündigt nicht." Damit ließ er die Klappe herunter und empfahl sich.

Seine Schritte waren noch nicht verklungen, als Heinrich Matuschitz die Brotköpfe hervorholte, sie auf die Pritschen legte, die Decken kunstgerecht hochzog und überhaupt einen unwiderlegbaren Eindruck hervorrief von zwei Herren im Festtagsschlummer. Wehmütig standen sie vor ihren Ebenbildern, ergriffen sogar, und dann sagte das Großonkelchen vor seiner Büste:

„Ich grüße dich", sagte er, „Heinrich Matuschitz auf der Pritsche. Gott segne deinen Schlummer."

Etwas Ähnliches sprach auch der alte Forstgehilfe, und nachdem sie Abschied genommen hatten von sich selbst, hoben sie das Gitter ab und verschwanden durchs Fenster in Richtung auf das liebliche Ereignis.

Dies Ereignis: es wurde angesungen von den Zöglingen der Striegeldorfer Schule, wurde von Glöckchen verkündet, vom Geruch gebratener Gänse, und ehedem hatte sich an der Verkündung auch der Wind im Striegeldorfer Forst beteiligt.

Mein Großonkelchen und Otto Mulz, sie gingen mit sich zu Rate, wie sie das liebliche Ereignis ihrerseits am besten verkünden konnten, und nach schwerer Grübelarbeit beschlossen sie, es durch Gesang zu tun, mit den Zöglingen der Striegeldorfer Schule. Während des Gesanges schon wurden sie teilhaftig der Freude, obwohl die Oberlehrerin Klimschat, die das Singen befehligte, Mühe hatte, die Herren einzustimmen: bei jedem Mal, da sie die Stimmgabel anschlug, lauschte sie verwundert und sprach: „Mir kollert, pschakrew, ein Tönchen nach dem andern von der Gabel runter."

Na, aber da sie von mitfühlendem Wesen war, ließ sie die Herren singen, und nach dem Gesang gingen diese zu meinem Großonkelchen nach Hause, wo neue Freude bezogen wurde aus gebratenem Speck, aus geräuchertem Aal und, natürlich, aus dem lieblichen Schein der Talglichter. Bezogen so viel Freude, die Herren, daß sie wieder ins Singen verfielen, sangen von dem lieblichen Ereignis, und nach abermaligem Essen suchten die Herren auf dem Fußboden nach einem Festtagstraum.

Träumten angenehm bis zum nächsten Tag, lächelten sich innig zu beim Erwachen und stellten fest, daß man nicht bestohlen worden war um rechtmäßige und zustehende Freude. Und nach solchen Versicherungen beschlossen sie, zurückzukehren in das ansprechende, wenn auch schmucklose Gefängnis, um unnötige Schwierigkeiten zu vermeiden. Machten sich also auf, die beiden, und gelangten alsbald zum Ort ihrer Bestimmung, der bewacht wurde von dem Aufseher Baginski aus Sybba. Dieser Mensch jedoch, wachsam wie er war, entdeckte die Herren, als sie in der Dämmerung durchs Fenster steigen wollten, rief sie drohend an und kommandierte:

„Der Unfug", kommandierte er, „hat an diesem Haus zu unterbleiben, zumal Weihnachten. Alle Personen zurück."

Worauf mein Großonkelchen entgegnete:
„Wir fordern nicht gerade, was recht, aber was billig ist. Wir gehören hierher. Wir sind, wenn ich so sagen darf, wohnberechtigt."
Baginski lugte durch das Fenster, äugte eine ganze Zeit hinein, und dann sprach er:
„Die Betten, wie man sieht, sind besetzt. Die Herren schlummern. Da sie sich ausbedungen haben den Schlummer zum Festtag, hat jede Störung zu unterbleiben."
„Ein Irrtum", sagte Otto Mulz, dem die Kälte zuzusetzen begann. „Ein reiner Irrtum, Ludwig Baginski, die Herren, die da schlummern, sind wir."
„Wir möchten", ließ sich mein Großonkel vernehmen, „die Schlafenden nur austauschen gegen uns."
Ludwig Baginski, der Aufseher, blickte düster, blickte zurechtweisend, schließlich sagte er: „Meine Augen", so sagte er, „sie sehen, was nötig ist. Und hier ist nötig Ruhe für zwei schlummernde Herren. Also möchte ich bitten um das, was gebraucht wird zur Erhaltung des Schlummers: Stille nämlich."
Stellte sich, weiß Gott, gleich ziemlich drohend auf, dieser Ludwig Baginski, und zwang die Herren, abzuziehen. Nun, sie zogen davon bis zu den Baumstümpfen des ehemaligen Striegeldorfer Forstes, stellten sich zusammen, und da sie diesmal keinen Grund besaßen zu flüstern, vernahm man Otto Mulz folgendermaßen:

„Napoleon“, so vernahm man ihn, „hatte es schwer auf seinem Weg nach Russland. Verglichen mit unserer Schwierigkeit, war seine ein Dreck.“
„Man müsste“, sagte Heinrich Matuschitz, „etwas ersinnen.“
„Mäuse“, sagte der alte Forstgehilfe. „Wir werfen Mäuse in das Zellchen, sie werden unsere Köpfe wegknabbern, und wenn wir nicht mehr da schlummern, wird man uns wieder reinlassen, und wir können in Ruhe abbrummen die letzten Wochen.“
„Auch die Mäuse, Otto Mulz, sind zu dieser Zeit angehalten zur Freude. Sie finden mehr als genug. Nein, wir müssen warten, bis Ludwig Baginski sich niederlegt zur Ruhe. Dann werden wir's noch einmal versuchen.“
Und das taten die Herren. Sie warteten frierend im ehemaligen Striegeldorfer Forst, und als die Stunde gut war und günstig, schlichen sie zum Gefängnis, stiegen diesmal unbemerkt ein, als die Klappe in der Tür fiel und der Aufseher Baginski argwöhnisch hereinsah. Es durchfuhr ihn, er grapschte in die Luft und taumelte zurück, und als die Benommenheit sich legte, rannte er nach dem Schlüssel, rannte zurück und schloß auf. Was er sah, waren zwei blinzelnde Herren, die auf ihren Pritschen lagen.
Aber Baginski gab sich nicht zufrieden, respektierte keinen Schlummer und keinen Festtag, sagte statt dessen: „Meine Augen, sie sehen, was zu sehen ist. Und

sie haben in diesem Zellchen erblickt vier Herren, statt zwei. Demnach möchte ich bitten um Aufschluss über die zwei andern."

„Wir haben, wie gewünscht, angenehm geschlummert", sagte Mulz.

„Aber es waren vier, wie meine Augen gesehen haben."

Darauf sammelte sich mein Großonkelchen und sprach:

„Wenn ich mich, Ludwig Baginski, nicht irre, geschehen zu diesem Termin Wunder auf der ganzen Welt. Warum, bitte sehr, sollte Striegeldorf verschont bleiben von solchen Wundern? Besser, es geschieht ein Wunder als gar keins. Habe ich richtig gesprochen, Otto Mulz?"

„Richtig", bestätigte der alte Forstgehilfe, und die Herren wickelten sich jeder in sein Deckchen und wünschten sich „Gute Nacht".

Das Weihnachtsbild

EUGEN ROTH

Der altertümliche Herr, der dort kerzengerade, aber doch ein wenig wackelig durch den nassen Dezembersturm geht, ist der Hofrat Farny. Kein Mensch weiß, warum er Hofrat ist, was er alles getrieben hat in seinem langen Leben, ob er Arzt war oder Gelehrter, Beamter vielleicht im alten Österreich; kein Mensch weiß auch, wovon er lebt, wovon er gelebt hat in all den Jahren, seit er hier aufgetaucht ist in der mäßig großen fränkischen Stadt, in der er jetzt durch den nassen Schnee wandert, in einem schier dürftigen Winterrock, der windflatternd um seine Knie schlägt, den bartlosen Geierkopf unterm breiten Hut vorgestreckt, ohne Blinzeln in das Gestöber hineinblickend, ein verwetztes, leeres Mäppchen unter den Arm geklemmt.
Ja, das Mäppchen ist noch leer, er kann es gleichgültig halten, so oder so, es schadet nicht viel, ob es feucht wird, ob der Wind es aufblättert. Wenn er aber Glück hat, wird er es behutsam nach Hause tragen, mit köstlichen Erwerbungen gefüllt, alten Stichen und Steinzeichnungen, Pergamentmalereien oder Aquarellen, wie er sie, vielleicht, finden würde in den Läden und Gewölben der vier, fünf Trödler und Antiquare, die es hier gab. Er war ein Sammler, ein

Liebhaber, ja; und wie ein Liebhaber zog er jetzt aus, das Abenteuer zu suchen. Feurige Gedanken und kühne Hoffnungen bewegten sein Herz; es könnte ihm gelingen, den großen Fang zu tun, den unwahrscheinlichen Schatz zu heben. Und wie ein Freier davon träumt, der Braut zu begegnen, sie zu gewinnen, sie heimzuführen, wie er davon schwärmt, des herrlichen, nicht mehr bestrittenen Besitzes sich zu freuen, so gedachte der alte Hofrat, die noch leere Mappe durch den Winternachmittag tragend, in ahnender Lust der wunderbaren Stunde, da er seine Eroberungen daheim, unterm Lampenlicht auf den Tisch breiten würde, nicht heute, nein, da wird er sich bezwingen; aber morgen Abend, am 24. Dezember, da wollte er es tun. Zwei Pakete, von auswärtigen Händlern, Ansichtssendungen, hatte er schon zu Hause liegen; hatte sie nicht aufgemacht, wie sehr ihn danach verlangte. Dies sollte sein Weihnachten werden, seine Christbescherung. Mochten andere sich ein Bäumchen putzen, sich mit Geschenken überraschen – das lag weit hinter ihm. Zwei Frauen hatte er begraben, der einzige Sohn war ihm gefallen. Seitdem gehörte seine Liebe den kleinen Dingen am Rande der großen Kunst. Und wenn der Hofrat heute auszog, einen großen Fund zu tun, sein Weihnachtsgeschenk zu holen, dann dachte er nicht an meisterliche Kostbarkeiten; so unbescheiden kam er dem Schicksal nicht. Aber warum sollte er nicht das eine oder andere Blättchen finden, das wie für ihn bestimmt schien, das wie eine Sprosse war für die Leiter seiner eigenwillig ausgerichteten Sammlung, wohlfeil und doch nicht für alles Geld der Welt aufzutreiben, wenn es einem nicht der holde Zufall in den Weg warf. Und dieser Zufall, dieses Glück musste heute mächtig sein. Der alte Mann witterte es. Mit dem gespannten Ausdruck eines Jägers klinkte er die Tür des ersten Ladens auf, den er bei seinem Pirschgang besuchen wollte. Den ergiebigsten Platz freilich, wo er sich wirkliche Beute erhoffen durfte, sparte er sich bis zum Schluss auf: die Höllriegelsche Kunsthandlung an der Korbiniansbrücke.

Auf der Korbiniansbrücke stand in derselben Stunde ein anderer Herr müßig im leiser werdenden Schneetreiben, ein jüngerer Mann, gemessen am alten Hofrat, wohlvergraben im weichen Flauschmantel, mit festen Schuhen unbekümmert in der Nässe und schaute ins trübe Wasser hinab oder in die schon dämmernden Straßen hinein, bis zur Kirche, deren Turm im Dunst verschwand. Er hatte Zeit dazu, herumzustehen, er hatte mehr Zeit an diesem Nachmittag, als ihm lieb war. Weiß Gott, er war sonst ein eiliger Mann, in Hamburg, wo er daheim war, ein Vielbeschäftigter, ein Architekt, Hansen hieß er, und Zeit war Geld für ihn.

Aber heute und hier, was sollte er treiben, den ganzen Nachmittag, in einer mittelgroßen, fremden Stadt. Er

war mittags gekommen, eine wichtige Besprechung mit den Behörden war auf morgen früh verlegt worden, eine dumme Geschichte, er musste den Mittagszug noch erreichen, wenn er am Christabend, spät genug, noch daheim sein wollte.
Und was er morgen an Zeit zu wenig haben würde, das hatte er heute zu viel, er stand herum, zum Wein konnte er doch nicht gut gehen, was sollte er sonst den Abend tun, den ganzen Abend, der war noch lang genug zum Trinken und zum Sinnieren. Gewiss, hinterher, wenn er wieder im Zug saß, würde es ihm einfallen, dass er den und jenen Bekannten hier hatte, aber jetzt fiel ihm keiner ein. Er ging ein paar Schritte weiter, er sah gleichmütig in die Auslagen voller passender Festgeschenke, für wen wohl passend, lächelte er, für ihn gewiss nicht. Er sah auch in die Fenster der Höllriegelschen Kunsthandlung, im halben Licht bot sich ihm ein Wust von Büchern und Trödel, von Möbeln, Teppichen, Bildern, Waffen und altem Kunstgewerbe. Und mit einem Mal lagen die nächsten Stunden freundlicher vor ihm: hier würde er sie verschmökern, in zielloser Jagd nach dem glücklichen Zufall.

Er trat ein, fragte das verlegen aufwachende Mädchen mit fröhlicher Gelassenheit, ob er sich, ohne bestimmte Kaufabsicht, umsehen dürfe, und ließ sich hier einen Krug, dort ein Bild zeigen, griff wohl auch selbst nach einem Buch oder einem Blatt und kam mehr und mehr mit dem Mädchen, das seine Schüchternheit vergaß, ins Plaudern. Im Hintergrund des weitläufigen Ladens fand er in einem Gestell eine Mappe, trug sie unters Licht und begann, sie zu durchblättern.

Der alte Hofrat hatte recht gewittert; der holde Zufall, das Glück war heute mächtig. Nach einer Reihe von belanglosen Dingen, als er schon ermüden wollte, fand der Architekt das entzückendste Bildchen, das sich denken lässt. Beileibe kein Werk der großen Kunst, ja offenbar überhaupt von der Hand eines Stümpers, aber ein Bildchen, in das jeder empfindsame Mensch verliebt sein musste auf den ersten Blick. Rührend gezeichnet und in sauberen, ein wenig grellen Wasserfarben getuscht, stellte es ein Biedermeierzimmer am Christabend dar. In der Mitte des Raumes stand der Gabentisch, mit einem hölzernen Reiter drauf, einem vierspännigen Planwagen und einer Puppenküche. Darüber zwei Christbäumchen, mit Lichtern geputzt und mit buntem Marzipan behängt. Der Vater steht dort, das jauchzende Jüngste im Arm, zwei Schwesterchen küssen sich, ein Bub schiebt ein Wägelchen, sein Geschenk, quer durch das Zimmer. Mutter und Großmutter aber schauen gerührt auf zwei weitere Geschwister, die ein paar arme Nach-

barskinder bescheren. Auf dem mächtigen, weinroten Kanapee aber lehnt, völlig vergessen, eine allerliebst gekleidete Puppe.
Der Architekt fragte, so beiläufig er es in seiner Freude vermochte, was dieses Bildchen koste. Er machte sich insgeheim auf einen bedeutenden Preis gefasst, entschlossen, ihn zu zahlen, wenn er nicht gar zu unsinnig wäre. Das Mädchen entzifferte die Auszeichnung und sagte stockend, als wäre es zu viel: Dieses Bildchen kostet fünf Mark. Der Kunde, der dreißig gerne gezahlt hätte und bei fünfzig kaum schwankend geworden wäre, griff unverzüglich in die Tasche und legte ein blankes Fünfmarkstück auf den Tisch.
Im selben Augenblick ging die Tür, und aus dem Schneedunkel traten zwei Männer herein, zwei Greise, ein kleiner, wieselflinker, der dienernd voranging, und ein großer, bolzengerader, der starr stehenblieb, als er, mit einem Blick, den Fremden gewahrte, über die Mappe gebeugt.
Da habe er es noch gerade recht getroffen, rief der muntere Alte, er wisse ja, wann der Herr Hofrat zu kommen pflege, und er habe ihm ja auch was besonders Schönes hergerichtet; er wisse, was er einem alten Kunden zu Weih-; er blieb mitten im Wort stecken, denn nun hatte auch er gesehen, dass die Blätter, die dieser Fremde durchforschte, eben die waren, die er für den Hofrat bestimmt hatte.
Der Architekt merkte nichts von der heillosen Verwir-

rung, die ihn umgab und die auch das Mädchen ergriffen haben musste unter dem bitteren Schweigen des Hofrats und den zornigen und hilflosen Blicken ihres Großvaters. Gelassen schloss er die Mappe, in der nichts weiter seine Aufmerksamkeit erregt hatte. Der Händler griff mit allen Fingern danach: „Sie sind fertig, mein Herr? Sie haben nichts gefunden?“, rief er gierig und warf einen erlösten, einen sieghaften Blick auf den Hofrat; auch dieser trat, wie aus einem Bann gelöst, hastig näher.
Der Architekt, ein wenig verwundert, aber nicht begreifend, sagte ganz ruhig, nein, er habe nichts weiter gefunden, außer diesem Bildchen, das er bereits gekauft und bezahlt habe. Fünf Mark, es habe wohl seine Richtigkeit, das Geld liege übrigens noch auf dem Tisch. Und er nahm das Bild, das von andern Blättern halb verdeckt gewesen war, und hielt es dem Händler hin.
Der – zuckte schmerzlich zusammen; der Teufel hätte nicht tückischer wählen können als dieser zur Unzeit hergelaufene Kunde! Er hätte gar zu gern dem fremden Herrn dieses Bild wieder abgejagt, dieses Aquarell, das er seit einem halben Jahr verborgen gehalten hatte, um den Hofrat damit zu überraschen.
Aber an dem Kauf war nicht zu drehen und zu deuteln. Sollte er den Preis für einen Irrtum seiner Enkelin erklären und eine verrückte Summe verlangen? Ja, wenn die geheime Zahl zweistellig gewesen wäre –

aber hier stand deutlich ein einzelner Buchstabe! Und dem Herrn alles erzählen, die ganze Schuld auf das Mädchen schieben – er hatte einen Ausweg gefunden: „Nicht wahr, Herr Hofrat“, sagte er und blinzelte hinüber, „Sie hatten doch dieses Bild bereits fest erworben, es ist nur aus Versehen – meine Enkelin kann nicht wissen –.“ Sein Versuch scheiterte an dem harten Blick des Hofrats, den er kalt und mühsam hervorbrachte, indem er sich ein wenig altmodisch gegen den Architekten verneigte: er könne sich nicht entsinnen, es müsse bei dem bleiben, dass der Herr ihm zuvorgekommen sei, und einen Hirschen könne man nicht zweimal schießen. Und er fragte bescheiden, ob er das Blatt näher betrachten dürfe.

Der Architekt, der sich gern mit seiner Beute aus dem Staube gemacht hätte, denn es wurde ihm unbehaglich, gab mit ausgesuchter Höflichkeit dem alten Herrn das Bild. Der trat unter die Lampe und betrachtete es; was, betrachten! Mit den Augen verschlang er's, mit der Nase befuhr er's, mit den Lippen schmeckte er es; er würgte es gierig in sich hinein, dann wieder, wie vergessend, dass es ihm nicht gehöre, überglänzte er es mit seligen Blicken. Dies sei, sagte er endlich, das erste Bild, das ihm unterkomme, auf dem die Christbäume hängend, von der Decke herab, dargestellt seien. Und er erzählte, wie um einen Vorwand zu haben, das Blatt noch nicht weggeben zu müssen, vom alten Heidenbrauch des spukwehrenden Wintergrüns, lachte, dass der erste Pfarrer, der „gegen die waldnachteilige Verhackung der Weihnachtsbäume“ gewettert hatte, ausgerechnet Dannhauer geheißen habe, und brachte eine Reihe von Schnurren und Anmerkungen vor, eifrig redend, als gelte es, einen Zauberkreis von Worten um das Bild, das unselig verlorene, rasend begehrte und nach geheimem Recht ihm gehörige Bild, zu schließen.

In der Tat benützte der Architekt denn auch die erste Lücke des Gesprächs, ihm die Beute zu entreißen, indem er auf die Uhr sah, etwas von höchster Zeit murmelte und die Hand, höflich aber bestimmt, gegen das Blatt hinstreckte. Der Hofrat genoss den unwiderruflich letzten Blick auf das geliebte Blatt mit trunkenen Augen; seine Hand zitterte, er stieß einen ächzenden Seufzer aus, dann hielt er es schwankend in die Luft, abgewandten Gesichts, wie verlöschend in Qual.

Der Architekt, beschämt und unschlüssig, ob er etwas sagen sollte, nahm sein Bild, rollte es zusammen, steckte es in die weite Brusttasche seines Mantels und verließ mit raschem Gruß den Laden, überzeugt, dass hinter ihm ein Wirbelsturm der Wut, der Verzweiflung und Verwünschungen losbreche. Er kam sich, während er durch den inzwischen weiß und dicht gefallenen Schnee seinem Gasthof zustrebte, bald wie ein großartiger Glückspilz vor, bald wie ein flüchtender Attentäter. Das tapfere und hoffnungslose

Gesicht des alten Herrn wollte ihm nicht aus dem Sinn, ja es schwamm vor ihm her im zitternd rieselnden Schnee. Weiß Gott, wenn der Hofrat die zugeworfene Rettungsleine ergriffen, wenn er beschworen hätte, das Bild gekannt und so gut wie gekauft zu haben, ob er, der Architekt, dann die Scherereien des Rechtbehaltens auf sich genommen hätte?
Ein ritterlicher Mensch, das war er, der wunderliche Kauz; wer weiß, was der alles erlebt hat, bis er so geworden ist! Ob ich auch einmal so werden würde, gierig auf ein Bildchen, kindisch, wenn ich's nicht bekomme – der alte Knabe hätte doch beinahe das Heulen angefangen. Ob ich so werde? Ich bin ja schon so! Einem armen Teufel sein Weihnachtsvergnügen nehmen, pfui! Hätt' ich's ihm doch gelassen! Kunststück, etwas entdecken, was für den andern vielleicht schon hergerichtet war. Er schämte sich; auf der Stelle wollte er umkehren; aber der Trotz verbot es ihm. Und was ging ihn ein fremder Herr an. Und schließlich war es ein reizendes Bild, gut und gern seine fünfzig Mark wert, auch wenn es nur fünf gekostet hatte. Einen so seltenen Fang lässt man nicht wieder fahren, einer flüchtigen Wallung des Herzens zuliebe.
Er ging auf sein Zimmer, holte das Bild aus der Tasche, betrachtete es sorgfältig und ohne Überschwang. Sehr nett, dachte er, aber eigentlich nichts weiter. Wenn man es ohne Gnade beschaut, gibt es

nicht viel her. Für den Hofrat freilich, den armen Alten, wird es zum verzehrenden Gaukelspiel des Unerreichten, schöner von Tag zu Tag – Der Unglückliche! Tut mir leid, aber – –

Er warf wieder einen Blick auf das bunte Blatt, es gefiel ihm jetzt über die Maßen, nie würde er es hergeben. Der Hofrat – was kümmerte ihn der Hofrat! – wird jetzt auch heimgekommen sein, nichts wird er haben, um es auf den Tisch zu breiten, an das Bild hier wird er denken, mit brennendem Herzen.

Der Architekt schalt sich selber einen gefühlsseligen Narren, warf das Bild in die Tischlade, machte sich für den Abend zurecht und trat wieder ins Freie. Heute werd' ich ordentlich eins trinken, dachte er. Und tat es auch. Über vieles wollte er nachdenken, ein einsamer Zecher, wie selten hatte er Muße dazu, so gut zu sitzen und die Gedanken schweifen zu lassen über die Jahre, die schon gelebten und die noch zu lebenden, ins Ungewisse hinein und mit welcher Kraft des Herzens. Aber wohin er seine Seele auch sandte, der alte Mann holte ihn ein, in hundert Verwandlungen, auf tausend Wegen kam er ihm entgegen, trat an den Tisch zu dem Trinkenden, flehte um das Bild.

Und jetzt erst recht nicht, sagte der Architekt und sagte es fast laut vor sich hin und setzte noch einen Schoppen drauf und noch einen. Und spürte doch, dass ihm das Bild nicht mehr gehöre.

Er ging spät in den Gasthof zurück, schlief schwer,

erwachte wirr, sah, dass es schon hohe Zeit war, zu der Besprechung zu gehen, machte sich eilig fertig, frühstückte voll Hast und bestellte den Diener mit dem Koffer an die Bahn zu dem Mittagszug, mit dem er fahren wollte, den er unbedingt erreichen musste. Die Besprechung war anstrengend, der Architekt war ganz Fachmann und genauer Rechner, viel stand auf dem Spiel. Mit knapper Not wurde bis zur Mittagsstunde eine vorläufige Einigung erzielt, um 12 Uhr 36 ging der Zug, er stieg in das Taxi, auf dem Bahnhof war ein bewegtes Treiben, natürlich, am Tage vor Weihnachten! Mit dem Worte Weihnachten fiel ihm der Hofrat ein und das Bild – das Bild, das wahrhaftig jetzt im Hotel liegengeblieben war, im Schubfach! Der Diener stand da mit dem Koffer. Es eilte sehr. „Hören Sie", sagte der Architekt, „ich habe ein Bild liegengelassen –" – „Wird nachgeschickt!", fiel ihm der Diener beflissen ins Wort. Aber der Reisende, indem er sich schon aufs Trittbrett schwang, lachte plötzlich, und es war das gute Lachen des Siegers, der sich selbst bezwingt: „Nein", rief er, „nicht nachschicken! Tragen Sie es gleich, jetzt, sobald Sie heimkommen, zu dem Antiquar an der Brücke, er soll es dem Hofrat bringen, dem es gehört. Und die fünf Mark, die es gekostet hat, soll er seiner Enkelin geben, als Schmerzensgeld, denn sie wird genug gescholten worden sein!" Und der Diener rief dem fahrenden Zug nach, ein wenig ungewiss, was der

Auftrag bedeuten solle, er werde es genauso ausrichten. Und er wünsche dem Herrn fröhliche Weihnachten.
Der Zug war überfüllt, aber der Architekt fuhr erster Klasse, es kam ihm nicht darauf an, das war heute ein Abschluss von Hunderttausenden gewesen. Und er war noch vergnügter darüber, dass er eine Sache in Ordnung gebracht hatte, im Wert von fünf Mark. So billig, lachte er in sich hinein, so recht und billig habe ich noch nie fünf Menschen eine Weihnachtsfreude gemacht: Einem alten Mann, noch einem alten Mann, einem Mädchen, mir selber und, wenn ich's ihr erzähle, meiner Frau auch – und wenn ich ihr auch nichts mitgebracht habe als diese Geschichte.

Der unfolgsame Esel

Agatha Christie

Es war einmal ein sehr unfolgsamer kleiner Esel. Er liebte es geradezu, unfolgsam zu sein. Wenn ihm etwas auf den Rücken geladen wurde, dann warf er es ab, und er rannte den Leuten nach und versuchte, sie zu beißen. Sein Herr konnte nichts mit ihm anfangen, und so verkaufte er ihn an einen anderen Herrn, und dieser Herr konnte auch nichts mit ihm anfangen und verkaufte ihn ebenfalls, und schließlich wurde er für ein paar Pfennige einem schrecklich alten Mann gegeben, der alte, abgearbeitete Esel kaufte und sie durch Schinderei und schlimme Behandlung umbrachte. Aber der unfolgsame Esel jagte den alten Mann und biß ihn und rannte dann mit fliegenden Hufen davon. Er wollte sich nicht wieder einfangen lassen, deshalb schloß er sich einer Menschenmenge an, die ihres Weges zog.

„Unter all den vielen Menschen wird niemand wissen, wo ich hingehöre“, dachte sich der Esel.

Die Menschen zogen alle nach der Stadt Betlehem, und als sie dort ankamen, gingen sie in einen großen Khan voller Menschen und Tiere.

Der kleine Esel aber schlüpfte in einen hübschen kleinen Stall, in dem schon ein Ochse und ein Kamel

standen. Das Kamel war sehr hochmütig wie alle Kamele, denn die Kamele glauben, nur sie allein wüßten den hundertsten und geheimen Namen Gottes. Das Kamel war zu stolz, um mit dem Esel zu sprechen. Deshalb begann der kleine Esel zu prahlen. Er prahlte furchtbar gerne.
„Ich bin ein ganz außergewöhnlicher Esel", sagte er. „Ich kann sowohl in die Zukunft als auch in die Vergangenheit sehen."
„Wie soll das denn gehen?" brummte der Ochse.
„Na ja, einfach genauso, wie ich vorwärts- und rückwärtslaufen kann. Meine Urur-siebenunddreißigmal Urgroßmutter war die sprechende Eselin des Propheten Bileam und hatte mit eigenen Augen den Engel des Herrn gesehen."
Aber der Ochse kaute ungerührt weiter, und das Kamel blieb weiter hochmütig.
Bald darauf kamen ein Mann und eine Frau herein,

und es gab eine Menge Aufregung, aber der Esel fand rasch heraus, daß es da gar nichts zum Aufregen gab außer einer Frau, die ein Kind kriegte, und das passiert schließlich jeden Tag. Und nachdem das Kind geboren war, liefen Hirten herbei und machten ein großes Getue um das Kind – aber Hirten sind eben einfältige Leute.
Aber dann erschienen Männer in reicher Kleidung.
„VIPs", zischte das Kamel.
„Was ist das?" fragte der Esel.
„Hochwichtige Leute, die Geschenke bringen", sagte das Kamel.
Der Esel dachte, die Geschenke seien vielleicht etwas Gutes zum Essen, und als es dunkel wurde, schnupperte er daran herum. Aber das erste Geschenk war gelb und hart und ohne Geschmack, das zweite brachte den Esel zum Niesen, und als er am dritten leckte, schmeckte es ekelhaft und bitter.
„Was für blödsinnige Geschenke", brummte der Esel enttäuscht. Aber als er so neben der Krippe stand, streckte das Neugeborene seine kleine Hand aus, faßte ein Ohr des Esels und hielt es fest, wie kleine Kinder das tun.
Da passierte etwas ganz Merkwürdiges: Der Esel hatte auf einmal keine Lust mehr, unfolgsam zu sein. Zum erstenmal in seinem Leben wollte er brav sein. Und er wollte dem Kind ein Geschenk machen, aber er hatte nichts zu verschenken. Das Kind schien sein

Ohr zu mögen, aber das Ohr war ein Teil von *ihm*. Da hatte er eine merkwürdige Idee: Vielleicht konnte er *sich selbst* dem Kind schenken?
Kurz darauf kam Josef mit einem hochgewachsenen Fremdling herein. Der Fremde sprach eindringlich auf Josef ein, und als der Esel die beiden anstarrte, traute er kaum seinen Augen!
Der Fremde schien sich aufzulösen, und an seiner Stelle stand ein Engel des Herrn, eine goldene Gestalt mit Flügeln. Aber gleich darauf verwandelte sich der Engel in einen Mann zurück.
„Du liebe Zeit, ich sehe Gespenster", sagte der Esel zu sich. „Das muß von all dem Heu kommen, das ich gefressen habe."
Josef sprach mit Maria.
„Wir müssen das Kind nehmen und fliehen. Es ist keine Zeit zu verlieren." Sein Blick fiel auf den Esel. „Wir nehmen den Esel hier und lassen das Geld für seinen Besitzer zurück. So gewinnen wir Zeit."
Und so zogen sie auf die Straße, die von Betlehem wegführte. Aber als sie an eine enge Stelle kamen, versperrte ihnen ein Engel des Herrn mit einem flammenden Schwert den Weg, und der Esel, der ihn als einziger sah, wandte sich seitwärts und begann, den Hügel hinaufzuklettern. Josef versuchte, ihn auf die Straße zurückzuzerren, aber Maria sagte: „Laß ihn. Denk an den Propheten Bileam."
Denn hatte nicht Bileams Eselin ihren Herrn vor dem

Verderben errettet, weil sie störrisch ihren eigenen Weg einschlug?
Und gerade, als sie im Schutz einiger Olivenbäume angelangt waren, kamen mit gezogenen Schwertern die Soldaten des Königs Herodes die Straße heruntergesprengt.
„Genau wie bei meiner Urgroßmutter", sagte der Esel, äußerst zufrieden mit sich. „Nimmt mich nur wunder, ob ich nun auch in die Zukunft sehen kann."
Er blinzelte mit den Augen – und sah ein verschwommenes Bild: einen Esel, der in eine Grube gefallen war, und einen Mann, der half, ihn herauszuziehen …
„Na so was, das ist ja mein Herr als erwachsener Mann", sagte der Esel. Dann sah er ein anderes Bild: denselben Mann, der auf einem Esel in eine Stadt ritt … „Natürlich", sagte der Esel. „Er wird zum König gekrönt!" Aber die Krone schien nicht aus Gold, sondern aus Dornen zu sein. Der Esel liebte zwar Dornen und Disteln, aber für eine Krone erschienen sie ihm doch unpassend. Und dann war da noch etwas auf einem Schwamm, bitter wie die Myrrhe, an der er im Stall geschnuppert hatte …
Und der kleine Esel wußte plötzlich, daß er nicht mehr in die Zukunft sehen wollte. Er wollte nur in den Tag hinein leben, seinen kleinen Herrn lieben und von ihm geliebt werden und ihn und seine Mutter sicher nach Ägypten tragen.

Risiko für Weihnachtsmänner

Siegfried Lenz

Sie hatten schnellen Nebenverdienst versprochen, und ich ging hin in ihr Büro und stellte mich vor. Das Büro war in einer Kneipe, hinter einer beschlagenen Glasvitrine, in der kalte Frikadellen lagen, Heringsfilets mit grau angelaufenen Zwiebelringen, Drops und sanft leuchtende Gurken in Gläsern. Hier stand der Tisch, an dem Mulka saß, neben ihm eine magere, rauchende Sekretärin: alles war notdürftig eingerichtet in der Ecke, dem schnellen Nebenverdienst angemessen. Mulka hatte einen großen Stadtplan vor sich ausgebreitet, einen breiten Zimmermannsbleistift in der Hand, und ich sah, wie er Kreise in die Stadt hineinmalte, energische Rechtecke, die er nach hastiger Überlegung durchkreuzte: großzügige Generalstabsarbeit.

Mulkas Büro, das in einer Annonce schnellen Nebenverdienst versprochen hatte, vermittelte Weihnachtsmänner; überall in der Stadt, wo der Freudenbringer, der himmlische Onkel im roten Mantel fehlte, dirigierte er einen hin. Er lieferte den flockigen Bart, die rotgefrorene, mild grinsende Maske; Mantel stellte er,

Stiefel und einen Kleinbus, mit dem die himmlischen Onkel in die Häuser gefahren wurden, in die „Einsatzgebiete“, wie Mulka sagte: die Freude war straff organisiert.
Die magere Sekretärin blickte mich an, blickte auf meine künstliche Nase, die sie mir nach der Verwundung angenäht hatten, und dann tippte sie meinen Namen, meine Adresse, während sie von einer kalten Frikadelle abbiß und nach jedem Bissen einen Zug von der Zigarette nahm. Müde schob sie den Zettel mit meinen Personalien Mulka hinüber, der brütend über dem Stadtplan saß, seiner „Einsatzkarte“, der breite Zimmermannsbleistift hob sich, kreiste über dem Plan und stieß plötzlich nieder. „Hier“, sagte Mulka, „hier kommst du zum Einsatz, in Hochfeld. Ein gutes Viertel, sehr gut sogar. Du meldest dich bei Köhnke.“
„Und die Sachen?“ sagte ich.
„Uniform wirst du im Bus empfangen“, sagte er. „Im Bus kannst du dich auch fertigmachen. Und benimm dich wie ein Weihnachtsmann!“
Ich versprach es. Ich bekam einen Vorschuß, bestellte ein Bier und trank und wartete, bis Mulka mich aufrief; der Chauffeur nahm mich mit hinaus. Wir gingen durch den kalten Regen zum Kleinbus, kletterten in den Laderaum, wo bereits vier frierende Weihnachtsmänner saßen, und ich nahm die Sachen in Empfang, den Mantel, den flockigen Bart, die rotweiße Uniform der Freude. Das Zeug war noch nicht aus-

gekühlt, wohltuend war die Körperwärme älterer Weihnachtsmänner, meiner Vorgänger, zu spüren, die ihren Freudendienst schon hinter sich hatten; es fiel mir nicht schwer, die Sachen anzuziehen. Alles paßte, die Stiefel paßten, die Mütze, nur die Maske nicht: zu scharf drückten die Pappkanten gegen meine künstliche Nase; schließlich nahmen wir eine offene Maske, die meine Nase verbarg.
Der Chauffeur half mir bei allem, begutachtete mich, taxierte den Grad der Freude, der von mir ausging, und bevor er nach vorn ging ins Führerhaus, steckte er mir eine brennende Zigarette in den Mund: In wilder Fahrt brachte er mich raus nach Hochfeld, zum sehr guten Einsatzort. Unter einer Laterne stoppte der Kleinbus, die Tür wurde geöffnet, und der Chauffeur winkte mich heraus. „Hier ist es“, sagte er, „Nummer vierzehn, bei Köhnke. Mach sie froh. Und wenn du fertig bist damit, warte hier an der Straße; ich bring' nur die andern Weihnachtsmänner weg, dann pick' ich dich auf.“
„Gut“, sagte ich, „in einer halben Stunde etwa.“
Er schlug mir ermunternd auf die Schulter, ich zog die Maske zurecht, strich den roten Mantel glatt und ging

durch einen Vorgarten auf das stille Haus zu, in dem schneller Nebenverdienst auf mich wartete.
‚Köhnke', dachte ich, ‚ja, er hieß Köhnke damals in Demjansk.'
Zögernd drückte ich die Klingel, lauschte; ein kleiner Schritt erklang, eine fröhliche Verwarnung, dann wurde die Tür geöffnet, und eine schmale Frau mit Haarknoten und weißgemusterter Schürze stand vor mir. Ein glückliches Erschrecken lag für eine Sekunde auf ihrem Gesicht, knappes Leuchten, doch es verschwand sofort: Ungeduldig zerrte sie mich am Ärmel hinein und deutete auf einen Sack, der in einer schrägen Kammer unter der Treppe stand.
„Rasch", sagte sie, „ich darf nicht lange draußen sein. Sie müssen gleich hinter mir kommen. Die Pakete sind alle beschriftet, und Sie werden doch wohl hoffentlich lesen können."
„Sicher", sagte ich, „zur Not."
„Und lassen Sie sich Zeit beim Verteilen der Sachen. Drohen Sie auch zwischendurch mal."
„Wem", fragte ich, „wem soll ich drohen?"
„Meinem Mann natürlich, wem sonst!"
„Wird ausgeführt", sagte ich.
Ich schwang den Sack auf die Schulter, stapfte fest, mit schwerem freudebringendem Schritt die Treppe hinauf – der Schritt war im Preis inbegriffen. Vor der Tür, hinter der die Frau verschwunden war, hielt ich an, räusperte mich, stieß dunklen Waldeslaut aus, Laut

der Verheißung, und nach heftigem Klopfen und nach ungestümem „Herein!“, das die Frau mir aus dem Zimmer zurief, trat ich ein.
Es waren keine Kinder da; der Baum brannte, zischend versprühten zwei Wunderkerzen, und vor dem Baum, unter den feuerspritzenden Kerzen, stand ein schwerer Mann im schwarzen Anzug, stand ruhig da mit ineinandergelegten Händen und blickte mich erleichtert und erwartungsvoll an: es war Köhnke, mein Oberst in Demjansk.
Ich stellte den Sack auf den Boden, zögerte, sah mich ratlos um zu der schmalen Frau, und als sie näher kam, flüsterte ich: „Die Kinder? Wo sind die Kinder?“
„Wir haben keine Kinder“, antwortete sie leise, und unwillig: „Fangen Sie doch an.“
Immer noch zaudernd, öffnete ich den Sack, ratlos von ihr zu ihm blickend: Die Frau nickte, er schaute mich lächelnd an, lächelnd und sonderbar erleichtert. Langsam tasteten meine Finger in den Sack, bis sie die Schnur eines Pakets erwischten; das Paket war für ihn. „Ludwig!“ las ich laut. „Hier!“ rief er glücklich, und er trug das Paket auf beiden Händen zu einem Tisch und packte einen Pyjama aus. Und nun zog ich nacheinander Pakete heraus, rief laut ihre Namen, rief einmal „Ludwig“ und einmal „Hannah“, und sie nahmen glücklich die Geschenke in Empfang und packten sie aus. Heimlich gab mir die Frau ein

Zeichen, ihm mit der Rute zu drohen; ich schwankte, die Frau wiederholte ihr Zeichen. Doch jetzt, als ich ansetzen wollte zur Drohung, jetzt drehte sich der Oberst zu mir um; respektvoll, mit vorgestreckten Händen kam er auf mich zu, mit zitternden Lippen. Wieder winkte mir die Frau, ihm zu drohen – wieder konnte ich es nicht.

„Es ist Ihnen gelungen“, sagte der Oberst plötzlich, „Sie haben sich durchgeschlagen. Ich hatte Angst, daß Sie es nicht schaffen würden.“

„Ich habe Ihr Haus gleich gefunden“, sagte ich.

„Sie haben eine gute Nase, mein Sohn.“

„Das ist ein Weihnachtsgeschenk, Herr Oberst. Damals bekam ich die Nase zu Weihnachten.“

„Ich freue mich, daß Sie uns erreicht haben.“

„Es war leicht, Herr Oberst; es ging sehr schnell.“

„Ich habe jedesmal Angst, daß Sie es nicht schaffen würden: Jedesmal –“

„Dazu besteht kein Grund“, sagte ich, „Weihnachtsmänner kommen immer ans Ziel.“

„Ja“, sagte er, „im allgemeinen kommen sie wohl ans Ziel. Aber jedesmal habe ich diese Angst, seit Demjansk damals.“

„Seit Demjansk“, sagte ich.

„Damals warteten wir im Gefechtsstand auf ihn. Sie hatten schon vom Stab telefoniert, daß er unterwegs war zu uns, doch es dauerte und dauerte. Es dauerte so lange, bis wir unruhig wurden und ich einen Mann

losschickte, um den Weihnachtsmann zu uns zu bringen!"
„Der Mann kam nicht zurück", sagte ich.
„Nein", sagte er. „Auch der Mann blieb weg, obwohl sie nur Störfeuer schossen, sehr vereinzelt."
„Wunderkerzen schossen sie, Herr Oberst."
„Mein Sohn", sagte er milde, „ach, mein Sohn. Wir gingen raus und suchten sie im Schnee vor dem Wald. Und zuerst fanden wir den Mann. Er lebte noch."
„Er lebt immer noch, Herr Oberst."
„Und im Schnee vor dem Wald lag der Weihnachtsmann, lag da mit einem Postsack und der Rute und rührte sich nicht."
„Ein toter Weihnachtsmann, Herr Oberst."
„Er hatte noch seinen Bart um, er trug noch den roten Mantel und die gefütterten Stiefel. Er lag auf dem Gesicht. Nie, nie habe ich etwas gesehn, das so traurig war wie der tote Weihnachtsmann."
„Es besteht immer ein Risiko", sagte ich, „auch für den, der Freude verteilt, auch für Weihnachtsmänner besteht ein Risiko."
„Mein Sohn", sagte er, „für Weihnachtsmänner sollte es kein Risiko geben, nicht für sie. Weihnachtsmänner sollten außer Gefahr stehen."
„Eine Gefahr läuft man immer", sagte ich.
„Ja", sagte er, „ich weiß es. Und darum denke ich immer, seit Demjansk damals, als ich den toten

Weihnachtsmann vor dem Wald liegen sah – immer denke ich, daß er nicht durchkommen könnte zu mir. Es ist eine große Angst jedesmal, denn vieles habe ich gesehn, aber nichts war so schlimm wie der tote Weihnachtsmann."

Der Oberst senkte den Kopf, angestrengt machte seine Frau mir Zeichen, ihm mit der Rute zu drohen: Ich konnte es nicht. Ich konnte es nicht, obwohl ich fürchten mußte, daß sie sich bei Mulka über mich beschweren und daß Mulka mir etwas von meinem Verdienst abziehen könnte. Die muntere Ermahnung mit der Rute gelang mir nicht.

Leise ging ich zur Tür, den schlaffen Sack hinter mir herziehend; vorsichtig öffnete ich die Tür, als mich ein Blick des Obersten traf, ein glücklicher, besorgter Blick: „Vorsicht", flüsterte er, „Vorsicht", und ich nickte und trat hinaus. Ich wußte, daß seine Warnung aufrichtig war. Unten wartete der Kleinbus auf mich; sechs frierende Weihnachtsmänner saßen im Laderaum, schweigend, frierend, erschöpft vom Dienst an der Freude; während der Fahrt zum Hauptquartier sprach keiner ein Wort. Ich zog das Zeug aus und meldete mich bei Mulka hinter der beschlagenen Glasvitrine, er blickte nicht auf. Sein Bleistift kreiste über dem Stadtplan, wurde langsamer im Kreisen, schoß herab: „Hier", sagte er, „hier ist ein neuer Einsatz für dich. Du kannst die Uniform gleich wieder anziehen."

„Danke“, sagte ich, „vielen Dank.“
„Willst du nicht mehr? Willst du keine Freude mehr bringen?“
„Wem?“ fragte ich. „Ich weiß nicht, zu wem ich jetzt komme. Zuerst muß ich einen Schnaps trinken. Das Risiko – das Risiko ist zu groß.“

Himmlische Nothilfe

KURT TUCHOLSKY

„Wat denn? Wat denn? *Zwei* Weihnachtsmänner?"
„Machen Sie hier nich sonen Krach, Siiie! Is hier vier Tage im Hümmel, als Hilfsengel – und riskiert hier schon ne Lippe."
„Verzeihen Sie, Herr Oberengel. Aber man wird doch noch fragen dürfen?"
„Dann fragen Sie leise. Sie sehn doch, dass die beiden Herren zu tun haben. Sie packen."
„Ja, das sehe ich. Aber wenn Herr Oberengel gütigst verzeihen wollen: Wieso zwei? Wir hatten auf Schule jelernt: Et gibt einen Weihnachtsmann und fertig."
„Einen Weihnachtsmann und fertig … ! Einen Weihnachtsmann und fertig … ! Diese Berliner! So ist das hier nicht! Das sind ambivalente Weihnachtsmänner!"
„Büttaschön?"
„Ambi… ach so, Fremdwörter verstehen Sie nicht. Ich wer Sie mal für vierzehn Tage rüber in den Soziologenhimmel versetzen halt, oder noch besser, zu den Kunsthistorikern … da wern Sie schon … Ja, dies sind also … diese Weihnachtsmänner, das hat der liebe Gott in diesem Jahre frisch eingerichtet. Sie ergänzen sich, sie heben sich gegenseitig auf … "

„Wat hehm die sich jejenseitig auf? Die Pakete?"
„Wissen Sie ... da sagen die Leute immer, ihr Berliner wärt so furchtbar schlau – aber Ihre Frau Mama ist zwecks Ihrer Geburt mit Ihnen wohl in die Vororte gefahren ... ! Die Weihnachtsmänner sind doppelseitig – das wird er wieder nicht richtig verstehen –, die Weihnachtsmänner sind polare Gegensätze."
„Aha. Wejen die Kälte."
„Himmel ... wo ist denn der Fluch-Napf ... ! Also, ich werde Ihnen das erklären! Jetzt passen Sie gut auf: Die Leute beten doch allerhand und wünschen sich zu Weihnachten so allerhand. Daraufhin hat der liebe Gott mit uns Engeln sowie auch mit den zuständigen Heiligen beraten: Wenn man das den Leuten alles erfüllt, dann gibt es ein Malheur. Immer.
Denn was wünschen sie sich? Sie wünschen sich grade in der letzten Zeit so verd ... so vorwiegend radikale Sachen. Einer will das Hakenkreuz. Einer will Diktatur. Einer will Diktatur mitm kleinen Schuss; einer will Demokratie mit Schlafsofa; eine will einen Hausfreund; eine will eine häusliche Freundin ... ein Reich will noch mehr Grenzen; ein Land will überhaupt keine Grenzen mehr; ein Kontinent will alle Kriegsschulden bezahlen, einer will ... "
„Ich weiß schon. Ich jehöre zu den andern."
„Unterbrechen Sie nicht. Kurz und gut: das kann man so nicht erfüllen. Erfüllt man aber nicht ... "
„Ich weiß schon. Dann besetzen sie die Ruhr."

„Sie sollen mich nicht immer unterbrechen! Erfüllen wir nicht – also: erfüllt der liebe Gott nicht, dann sind die Leute auch nicht zufrieden und kündigen das Abonnement. Was tun?"
„Eine Konferenz einberufen. Ein Exposé schreiben. Mal telefonieren. Den Sozius … "
„Wir sind hier nicht in Berlin, Herr! Wir sind im Himmel. Und eben wegen dieser dargestellten Umstände haben wir jetzt zwei Weihnachtsmänner!"
„Und … was machen die?"
„Weihnachtsmann A erfüllt den Wunsch. Weihnachtsmann B bringt das Gegenteil. Zum Exempel: Onkel Baldrian wünscht sich zu Weihnachten gute Gesundheit. Wird geliefert. Damit die Ärzte aber nicht verhungern, passen wir gut auf; Professor Dr. Speculus will auch leben. Also kriegt er seinen Wunsch erfüllt, und der reiche Onkel Baldrian ist jetzt mächtig gesund, hat eine eingebildete Krankheit und zahlt den Professor. Oder:
Die Nazis wünschen sich einen großen Führer. Kriegen sie: ein Hitlerbild. Der Gegenteil-Weihnachtsmann bringt dann das Gegenteil: Hitler selber.
Herr Merkantini möchte sich reich verheiraten. Bewilligt. Damit aber die Gefühle nicht rosten, bringt ihm der andere Weihnachtsmann eine prima Freundin. Oder: Weihnachtsmann A bringt dem deutschen Volke den gesunden Menschenverstand – Weihnachtsmann B die Presse. Weihnachtsmann A gab Italien

die schöne Natur – Weihnachtsmann B: Mussolini. Ein Dichter wünscht sich gute Kritiken: kriegt er. Dafür kauft kein Aas sein Buch mehr. Die deutsche Regierung wünscht Sparmaßnahmen – schicken wir. Der andere Weihnachtsmann bringt dann einen kleinen Panzerkreuzer mit.
Sehn Sie – auf diese Weise kriegt jeder sein Teil. Haben Sie das nun verstanden?"
„Allemal. Da möcht ich denn auch einen kleinen Wunsch äußern. Ich möchte gern im Himmel bleiben und alle Nachmittage von 4 bis 6 in der Hölle Bridge spielen."
„Tragen Sie sich in das Wunschbuch der Herren ein. Aber stören Sie sie nicht beim Packen, die Sache eilt."
„Und ... verzeihen Sie ... wie machen Sie das mit der Börse –?"
„So viel Weihnachtsmänner gibt es nicht. Herr – so viel Weihnachtsmänner gibt's gar nicht –!"

RENATE WELSH

Wie jedes Jahr besuchten wir am Nachmittag des Heiligen Abends den Friedhof. Auf vielen Gräbern leuchteten Kerzen, auf manchen standen kleine Weihnachtsbäume mit winzigen schleifengeschmückten Kerzen und schimmerndem Lametta. Meine Schwestern und ich gingen in der Dämmerung mit den Großeltern zum Grab meiner Mutter. Unten im Tal lag kein Schnee, hier oben aber war über den Hügeln eine dünne weiße Decke ausgebreitet.
Wir standen am Grab, bis wir die Kälte durch die Schuhsohlen spürten, blickten verstohlen auf die Großeltern, ob wir schon ein Kreuzzeichen schlagen und uns mit einem Nicken von der Mutter verabschieden konnten, die Gerda kaum gekannt hatte. Christine, die Jüngste, war auch mitgekommen, obwohl ihre Mutter zu Hause den Christbaum schmückte und die Geschenke vorbereitete.
Sobald sich die Großeltern zum Gehen anschickten, stürmten Gerda und ich los, rannten den Hügel hinauf zu den Grüften, in denen man manchmal eine Kranzschleife wehen sah. In einer Grabkammer, die in den Berghang hineingebaut war, lag ein toter Fuchs vor einem Sarkophag. Wir schauderten und liefen, so

schnell wir konnten, zurück zu den Großeltern. Gerda griff nach Omis Hand, ich hielt mich am Großvater fest.
„Wie eure Schuhe wieder aussehen“, sagte Großmutter. Sie versuchte, den Schlamm mit einem Stück Holz abzukratzen, das half nicht viel. Dann gingen wir an der Friedhofsmauer entlang zum Josefsheim. Das war ein Kloster und Altersheim, in dem unser Vater Hausarzt war. Am Heiligen Abend gab es eine Feier im Speisesaal, und natürlich mussten die Töchter des Doktors dabei Gedichte vortragen. Christine nicht, sie war noch zu klein. Außerdem sah sie ohnehin aus wie ein Engel mit ihren blonden Locken, es genügte völlig, wenn sie nur da war. Nicht einmal ihre Schuhe waren schmutzig.
Wir gingen in den Speisesaal, wo auf jedem Tisch ein Tannenzweig in einem Apfel steckte. Vorne am Harmonium saß eine winzige alte Nonne. Bevor sie zu spielen begann, baumelten ihre kleinen Füße in der Luft, als sie zu spielen begann, erreichte sie wie durch ein Wunder die Pedale. Das faszinierte mich. Neben dem Harmonium stand Rosmarie, die Tochter des Hausmeisters der Nachbarn von gegenüber. Schräg links gegenüber, um genau zu sein. Das ist zwar für meine Geschichte nicht wichtig, aber jeder, der Ober St. Veit kennt, weiß, dass damals direkt gegenüber vom Josefsheim ein Feld lag, auf dem im Frühling mehr Primeln und Veilchen blühten als irgendwo

sonst. Rosmarie also stand da in ihren weißen Schuhen mit weißen Strümpfen, die blonden Haare zu weichen Locken gedreht, trug ein ganz kleines abschätzendes Lächeln in den Mundwinkeln und eine Kerze in der Hand. Wunderschön sah sie aus in ihrem weißen Erstkommunionkleid, und sie wusste es auch und fing die begeisterten Blicke auf, die ihr zuflogen und wie Sterne rings um sie hängenblieben. Meine grauen Strümpfe, zwei glatt, zwei verkehrt in hässlichen dicken Rippen gestrickt, warfen wieder einmal traurige Falten. Mein Kleid, das Omi aus einem abgelegten einer Tante genäht hatte, kratzte an allen möglichen Stellen, die weißen Manschetten waren unter den Mantelärmeln verdrückt worden. Stumm und blöd stand ich da, wusste genau, wie mir die Haare ins Gesicht hingen, und als Omi vortrat und sie vor allen Leuten mit zwei Spangen zurücksteckte, ziepte das nicht nur, es war auch noch ärger als die wehenden Strähnen.
Ich litt. Aber dafür würde ich mein Gedicht so schön aufsagen, dass keiner mehr einen einzigen Blick für Rosmarie übrig haben würde.

Sei nicht so eifersüchtig, sagte eine Stimme in mir, sei nicht so eifersüchtig. Eifersucht ist wie Neid, und Neid ist eine Todsünde. Aber wie sie mich mustert. Das ist hoffärtig, und Hoffart ist auch eine Todsünde, verteidigte ich mich.
Was die anderen tun, ist ihre Sache. Was du tust, ist deine. Ich warf einen bösen Blick auf meine Großmutter. Das war ein Omi-Satz. Was hatte sie in meinem Kopf verloren?
Neben mir rang Gerda die Hände und zupfte an ihren Nägeln, trat von einem Fuß auf den anderen.
Das Harmonium setzte ein, eine Schwester zündete die Kerzen am Christbaum an. Alle sangen „Es ist ein Ros entsprungen“ und „Ihr Kinderlein, kommet“.
Rosmarie trat vor den Christbaum, verneigte sich, einen Fuß vor den anderen gestellt, was sehr elegant aussah. Das muss ich daheim üben, dachte ich. Das kann ich auch.
Sie leierte ihr Gedicht herunter. „Von drauß vom Walde komm ich her, ich muss euch sagen, es weihnachtet sehr.“
Als sie bei „und droben aus dem Himmelstor schaut mit großen Augen das Christkind hervor“ angelangt war, riss sie ihre Augen weit auf und machte die einzige, dafür aber sehr lange Pause, um dann mit noch größerer Geschwindigkeit zum Ende zu kommen. Als sie fertig war, knickste sie tief. „Wie süß“, wurde ringsum laut geflüstert.

Gerda machte ihre Sache gut wie immer, ohne Theater, ohne affig zu werden. Wenn unsere Kusine über jemanden sagte, er sei affig, so war das entschieden das abschätzigste Urteil, das ich damals kannte. Rosmarie war entschieden affig gewesen.
Die kleine Schwester am Harmonium spielte ein paar Takte, nickte mir aufmunternd zu. Schau nicht so bös, quengelte meine innere Stimme. Ich versuchte zu lächeln, aber meine Mundwinkel waren einfach zu schwer. Knicksen, fiel mir ein, aber da hatte ich schon „Weihnacht – von Theodor Storm“ gesagt, und zum Knicksen war es zu spät. Ich hielt mich mit der rechten an meiner linken Hand fest. Nach dem ersten Vers klang meine Stimme für meine Ohren ziemlich normal, ich erlebte zum ersten Mal das Glücksgefühl, das einen überkommt, wenn alle zuhören. Plötzlich aber war eine Leere in meinem Kopf.
„In den Fenstern haben Frauen buntes Spielzeug fromm geschmückt“ – weiter wusste ich nicht.
„In den Fenstern haben Frauen …“
Es dröhnte in meinem Schädel. Irgendwas mit „beglückt“.
Aber was? „In den Fenstern …“
Nichts mehr. Jemand versuchte, mir einzusagen, ich verstand nicht, da waren nur noch die Fenster.
Ich wusste es doch, kannte das Gedicht auswendig, kannte so viele Gedichte auswendig, längere. „In den Fenstern …“

Die alten Damen fingen an zu klatschen. Wahrscheinlich wollten sie mir helfen, mich aus der Starre herausholen.
Für mich aber war ihr Klatschen das schrecklichste Geräusch auf der Welt. Kopf ab, klatschten sie. Kopf ab. Und Rosmarie lächelte.
Irgendwie kam ich zurück zu den Großeltern, und Großvater legte den Arm um mich, und Omi schimpfte nicht.
Eine Schwester reichte jeder von uns ein Säckchen mit Keksen und ein Heiligenbild. Das Papier war in Wachs getaucht, dann waren mit einer Nadel Muster hineingestochen, von denen einige noch mit Goldfarbe bemalt waren, und in der Mitte klebte ein buntes Medaillon. Wir sammelten Heiligenbilder, die in Wachs getauchten waren unser ganzer Stolz. Ich beschloss, meine Kekse weiterzuschenken, die würden mir doch nur den Hals verbrennen, aber das Bild, das würde ich behalten. Großvater steckte es in seine Brieftasche, damit es nicht verdrückt würde.
Durch die dunklen, stillen Gassen gingen wir den Berg hinunter, hier und dort strahlte schon ein Christbaum hinter einem Fenster. Jetzt hätte ich das Gedicht aufsagen können, schnell und langsam, mit und ohne Betonung, ohne einen einzigen Fehler. Aber jetzt verlangte das niemand von mir. Ich schämte mich, obwohl mein Großvater den ganzen Weg meine Hand hielt.

Wie jedes Jahr warteten wir mit Papa und den Großeltern vor der Tür zum Weihnachtszimmer, wie jedes Jahr verschwand Mutti darin, und obwohl ich mit meinen acht Jahren natürlich Bescheid wusste über Christkind und Weihnachtsmann, Nikolaus, Krampus, Osterhase und Storch, meinte ich doch, einen goldenen Schein zu sehen, zu spüren, wie mich ein Flügel streifte.

Dann klingelte das Glöckchen und fast gleichzeitig das Telefon. Papa musste noch schnell einen Hausbesuch machen. Im Nebenzimmer pustete Mutti die Kerzen aus. Das war für uns ein Teil von Weihnachten, ich kann mich an kein Fest erinnern, bei dem Papa nicht wenigstens einmal weggerufen wurde, bevor endlich die Flügeltüren aufgehen durften und der Baum uns entgegenstrahlte in all seiner bunten Pracht, und das Zimmer duftete, und die Kerzen spiegelten sich in den Fensterscheiben und in den Gläsern vor den Fotos der Verstorbenen auf der Kommode. Wir sangen Weihnachtslieder, und Papa brummte die zweite Stimme und legte uns abwechselnd die Hand auf die Schulter.

In diesen Augenblicken glaubte ich daran, dass ich irgendwann ein wirklich liebes, gutes Kind sein würde. Sobald aber das Licht angeknipst wurde, verglich ich unwillkürlich meine Geschenke mit denen der anderen, stellte fest, dass ich wieder einmal zu kurz gekommen war, und wusste, dass ich ewig ein eifersüchtiges, missgünstiges Kind bleiben und daher nie teilhaben würde an der großen Weihnachtsfreude.
Seltsam ist, dass Gerda, die in meiner Erinnerung nie, nicht ein einziges Mal, steckenblieb, vor ein paar Tagen behauptete, das wäre immer ihr passiert und nicht mir. Die, die dabei waren, können wir nicht mehr fragen, sie sind längst tot. Gerda ist ganz sicher, und ich bin ganz sicher.
So wenig kann man sich also auf eine Erinnerung verlassen, selbst wenn man meint, den Geruch des Raumes noch auf der Zunge zu spüren. Ich weiß, Gerüche erinnert man mit der Nase und nicht mit der Zunge. Man vielleicht, ich nicht. Ich erinnere Gerüche mit der Zunge. Und das lasse ich mir nicht ausreden, nicht einmal von Dir.

Feiertage

HANNS DIETER HÜSCH

Mutter ist nervös
Vater ist nervös
Kind ist nervös
Oma ist nervös

Oma ist gekommen
Um Mutter zu helfen
Vater hat gesagt
Sei nicht nötig gewesen

Kind steht im Weg
Mutter steht im Weg
Oma steht im Weg
Vater steht im Weg

Alle ham geschafft
Mit allerletzter Kraft

Vater hat gebadet
Mutter hat gebadet
Kind hat gebadet
Oma hat gebadet

Alle ham gepackt
Und alle sind gerannt
Und schließlich hat
Der Baum gebrannt

Mutter ist gerührt
Vater ist gerührt
Kind ist gerührt
Oma ist gerührt

Und dann werden
Die Pakete aufgeschnürt

Mutter ist gekränkt
Vater ist gekränkt
Kind ist gekränkt
Oma ist gekränkt

Denn jeder hat dem anderen
Was falsches geschenkt

Schwiegertochter kommt
Patentante kommt
Lieblingsbruder kommt
Großneffe kommt

Kuchen ist zu süß
Plätzchen sind zu süß

Marzipan zu süß
Und der Baum ist mies

Mutter ist beleidigt
Vater ist beleidigt
Kind ist beleidigt
Oma ist beleidigt

Frieden auf Erden
Und den Menschen ein Unbehagen

Vater hats am Magen
Mutter hats am Magen
Kind hats am Magen
Oma hats am Magen

Kann nichts mehr vertragen
Nach all diesen Tagen

Mutter ist allein
Vater ist allein
Kind ist allein
Oma ist allein
Alle sind allein

Doch an Ostern
Wollen alle
In jedem Falle
Wieder zusammen sein

Weihnachten

BERND-LUTZ LANGE

Was für ein Fest! Zumal am Fuße des Erzgebirges. Ich liebte alle Jahreszeiten, aber Weihnachten war der Höhepunkt des Jahres. Trotz aller Ärmlichkeit in meinen frühen Kindheitstagen – in der Weihnachtszeit hatte ich die romantischsten Stunden.

Die Aufregung begann schon, wenn meine Mutter den Stollenteig knetete. Die Teigreste waren köstlich, mit dem Finger wurden die Gefäße blank geputzt. Die geformten Stollen kennzeichnete meine Mutter mit einem Blechstreifen, auf dem unser Name geschrieben stand.

Die warme Weihnachtsstube, der Christbaum mit den flackernden Kerzen, die Pyramide, wo sich das Christkind in der Krippe so schnell im Kreis drehte, dass es schon einen Drehwurm haben musste, die flinken drei Weisen aus dem Morgenlande immer hinterdrein, und schließlich der Bergmann als Kerzenhalter in seiner traditionellen Tracht – das waren Inbegriffe der romantischen Zeit am Jahresende.

Nach der Christvesper am Heiligen Abend war die bescheidene Bescherung. Ich fühlte mich immer reich beschenkt.

Einmal hatten meine Eltern auf einem ausrangierten Bügelbrett eine kleine Welt zum Spielen aufgebaut. Ein Holzzug fuhr zwischen braun und grün gefärbten Sägespänen entlang, die Wege und Wiesen markierten. Farbige Häuschen standen am Rand. Ein kleines hölzernes Riesenrad auf einer Wiese drehte sich, wenn ich einen winzigen Holzstift anfasste und entsprechend bewegte.

Zum Abendbrot am Heiligen Abend kam immer mein Großvater, ein armer Bäckermeister, der seinem Enkel Bernd nie etwas schenken konnte. Er hatte selbst nichts. Sein Geld war durch den Lauf der deutschen Geschichte verlorengegangen. Er bekam keine Rente und lebte von den paar Mark, die das Haus abwarf, und von seiner Tochter, die bei ihm wohnte. Wenn ich zu Mittag in seine karge Küche trat, sah ich oft nur ein kleines Töpfchen mit Kartoffeln brodeln.

Großvater ging jeden Tag um sechs Uhr abends schlafen. So war er es durch sein langes Bäckerleben gewöhnt, und diesen Ritus hielt er bis ins hohe Alter ein. Er wurde 92 Jahre alt. Als ich einmal um diese Zeit bei ihm war, lag er schon im Bett. Es war mir unvorstellbar, dass ein Erwachsener zu Bett ging, wenn die Kinder noch wach waren. Ich sah hinter dem hohen Federbett nur seinen Kopf und eine Hand. Die hielt eine Mundharmonika. Großvater Richard spielte sich sein Gute-Nacht-Lied selbst. Als er Rentner geworden war, brachte er sich das Klavierspielen bei. Das Klavier aus der Gründerzeit in der „guten Stube“ hatte sonst nur mein Vater benutzt. Großvater hatte in seinem langen Leben wohl kaum Kultur genießen können. Die Arbeit war vorgegangen. Er hat die vielen Jahrzehnte bis zur Rente backend verbracht. Ich hab in seinem Haushalt auch nie ein Buch gesehen.

Am Heiligen Abend saßen wir jedenfalls alle zusammen und aßen Würstchen mit Kartoffelsalat.

Weihnachten bedeutete in den fünfziger Jahren Apfelsinen, Datteln und Kameruner – der Name stammte noch aus Kolonialzeiten. Das waren Erdnüsse, deren Schalen beim Aufdrücken immer leicht „stiebten“. Eine winzige Staubwolke stieg beim Nüsseknacken auf, und die Schalen verbrannten knisternd im Ofen. Mit dem Heiligen Abend war die Aufregung bei uns noch nicht vorbei, denn es kam ja am nächsten Tag in der Frühe der Besuch der Christmette. Sechs Uhr morgens begann sie in der nahe gelegenen Methodistenkirche. Mit Spannung erwartete ich das Krippenspiel, bis ich eines Tages – nun erst recht aufgeregt – zum ersten Mal selbst als Hirt im Altarraum stand. Und nie vergesse ich den Schein und das Flackern der Kerzen im Gesicht der Mitspieler.

Weihnacht

KLABUND

Ich bin der Tischler Josef,
Meine Frau, die heißet Marie.
Wir finden kein' Arbeit und Herberg'
Im kalten Winter allhie.

Habens der Herr Wirt vom goldnen Stern
Nicht ein Unterkunft für mein Weib?
Einen halbeten Kreuzer zahlert ich gern,
Zu betten den schwangren Leib. –

Ich hab kein Bett für Bettelleut;
Doch scherts euch nur in den Stall.
Gevatter Ochs und Base Kuh
Werden empfangen euch wohl. –

Wir danken dem Herrn Wirt für seine Gnad
Und für die warme Stub.
Der Himmel lohns euch und unser Kind,
Seis Madel oder Bub.

Marie, Marie, was schreist du so sehr? –
Ach Josef, es sein die Wehn.
Bald wirst du den elfenbeinernen Turm,
das süßeste Wunder sehn. –

Der Josef Hebamme und Bader war
Und hob den lieben Sohn
Aus seiner Mutter dunklem Reich
Auf seinen strohernen Thron.

Da lag er im Stroh. Die Mutter so froh
Sagt Vater Unserm den Dank.
Und Ochs und Esel und Pferd und Hund
Standen fromm dabei.

Aber die Katze sprang auf die Streu
Und wärmte zur Nacht das Kind. –
Davon die Katzen noch heutigen Tags
Maria die liebsten Tiere sind.

Wüstenweihnachten

JAMES KRÜSS

Es war am Rande der Sahara am 24. Dezember. Ich wohnte bei einer spanischen Familie, die einen kleinen Mittagstisch für Senegalesen, Spanier und Franzosen betrieb. Der Tag war heiß gewesen; aber am Abend wurde es, wie üblich, kühl, und ein Wind kam auf. Die Mauren, die vor den Nachbarhäusern im Sand saßen, hatten ihre baumwollenen blauen Haiks mit den weißen aus Schafwolle vertauscht. Der lange kahle Nubier – ebenfalls im wehenden weißen Haik – holte am Strick geduldig Eimer um Eimer aus der Tiefe des Wasserlochs herauf und füllte die tönernen Krüge, die ihm die maurischen Kinder hinhielten.
In Europa, dachte ich, wo jetzt die Tage kurz und die Nächte lang sind und wo man in geheizten Häusern wohnt, feiern sie heute Weihnachten. Das ist ein schönes Fest für kalte Länder mit langen Nächten. Hier, wo das Licht über dem Sand in der Hitze flimmert und wo es abends den Horizont rosa und lila färbt, hier, wo es keinen Winter gibt, braucht man kein Weihnachtsfest. Auch die Spanier, dachte ich, werden das Fest nicht feiern, da ja ihr Gabentag das Fest der Heiligen Drei Könige ist. Und die beiden senegalesischen Kellner, überlegte ich weiter, sind

keine Christen. Also werden auch sie den Geburtstag des Christkinds nicht feiern. Das war mir recht; denn lichterbesteckte Tannenbäume passen so wenig in die Wüste wie ein Kamel in den Bayrischen Wald.
Aber dann, als ich im kühlen Haus mit dem Fliesenmacher Armando Domino spielte, fiel mir ein Flüstern und ein Kichern hinter vorgehaltenen Händen auf, teils in der Tür zur Küche, teils hinter der Theke. Auch sah ich, wie der Sohn des Hauses einen Plattenspieler brachte. Um Himmels willen, dachte ich, man wird doch nicht meinetwegen mitten in der Wüste dieses Lied von der stillen und Heiligen Nacht spielen, das mir immer wie dicker Sirup die Gedanken verklebt? Aber das Tuscheln ließ nicht nach; geheimnisvolle Päckchen wurden in die Küche getragen, und dann erschien Brahim, der maurische Elektriker, mit einem Karton voller bunter Glühlämpchen. Mir wurde immer mulmiger zumute. Ich brach das Dominospiel mit Armando einfach ab und sagte, ich müsse rasch nach Mauretanien hinüberfahren, um noch etwas zu besorgen.
Tatsächlich fuhr ich mit dem alten Antonio, der wohl schon seine sechs oder sieben Glas weißen Rums getrunken hatte, über die Grenze.
„Was wollen Sie in Mauretanien, Señor?" fragte Antonio unterwegs mit schwerer Zunge.
„Geschenke kaufen, Antonio. Anscheinend will man Weihnachten feiern."

„Geschenke, Señor? Zu Weihnachten? Was ist das für eine neue Sitte?“
„Eine Sitte aus Nordeuropa, Antonio. Man feiert an diesem Tag auch das wiederkehrende Licht.“
„Dann ist es wohl ein Fest der Heiden?“
„So halb und halb, Antonio.“
„Die Welt wird immer verrückter“, brummte der Alte. Dann schwieg er, bis wir zum Supermarkt in Port Etienne kamen, vor dem die senegalesischen Händler in ihren langen Gewändern wie üblich Holzplastiken von der Elfenbeinküste anboten.
„Ich bin drüben in der Bar, Señor“, sagte Antonio, als ich ausgestiegen war.
„Ist gut, Antonio.“
Bevor ich den übersauberen Supermarkt betrat, der sich so sehr von dem fliegenwimmelnden offenen Markt im anderen Teil des Ortes unterscheidet, suchte ich mit den Augen den lustigen Jean aus Dakar, mit dem ich seit Tagen um eine Holzplastik feilschte. Jean war da, lachend wie immer. Die Zähne im dunklen Gesicht waren eine Kokosnussscheibe. Aber die Plastik war weg.
„Wo ist meine Holzplastik, Jean?“
Er grinste so breit, dass die Augen gleich über der Oberlippe zu stehen schienen: „Verkauft, Monsieur.“
Das war ein Schlag: Ich hatte die Plastik schon für mein Eigentum gehalten. Die Stelle im Haus, an der sie stehen sollte, hatte ich schon ausgesucht. Es war

eine Frau auf einem Schemel gewesen, die aus kräftigen Brüsten ihr Kind säugt, eine Art afrikanischer Maria mit Kind. Auf dem Kopf hatte sie ein Gefäß getragen; und auf dem Deckel des Gefäßes hatte ein Affe gehockt, der eine Banane knabberte. Nun war die Plastik weg.

Ich war so traurig und zornig, dass ich die Geschenke nur mit halber Aufmerksamkeit kaufte: eine Dose Gänseleberpastete, eine schwarze Gummipuppe mit Schleife, französische Bonbons, Schweizer Schokolade, ein Kamel aus Kupfer, das ein Feuerzeug war, Zigarren, Zigaretten, Wein und eine teure Flasche Champagner.

Als ich vollbeladen wieder ins Auto stieg, holte Jean unaufgefordert den alten Antonio aus der Bar und wünschte mir, fröhlich grinsend, auf Französisch gute Weihnachten. Ich knurrte nur: „Merci." Dann fuhr ich verstimmt zurück zu der kleinen Häuserzeile mitten im Sand, vor der der lange Nubier noch immer oder schon wieder Wasser aus dem Boden holte.

Als ich Antonio statt des üblichen Trinkgeldes ein Kästchen Zigarren gab, sagte er: „Diese Heidenfeste aus dem Norden scheinen auch ihr Gutes zu haben. Fröhliche Weihnachten, Señor."

„Fröhliche Weihnachten, Antonio."

Gegen Mitternacht versuchte man dann tatsächlich, eigens für mich ein bisschen Weihnachten zu spielen. Ein kleiner künstlicher Tannenbaum mit bunten Glüh-

lämpchen war da. Man hatte ein Huhn geschlachtet und gebraten. Ich musste die anscheinend unvermeidliche stille und Heilige Nacht über mich ergehen lassen. Und dann beschenkte man sich gegenseitig. Man hatte den Gabentag einfach vorverlegt. Jeder bekam sein Teil, auch von mir. Ich selbst aber wurde immer wieder mit freundlichem Grinsen umgangen, bis schließlich die Gaben vergeben waren außer einem unförmigen Paket, das auf der Bartheke lag.
„Das ist für dich, von uns allen zusammen“, sagte der jüngste Sohn des Hauses zu mir. „Dreh dich um. Ich pack' es für dich aus.“
Ich stand also auf, drehte mich brav um und konnte kein Wort mehr verstehen, weil das Papier, das der Kleine einfach zerriss, so knisternd lärmte. Ich muss wohl auch überhört haben, dass man mich anrief; denn Muhammed, der Nachbar, der in der Tür stand, machte mir plötzlich ein Zeichen, das zu bedeuten schien: „Umdrehen, Señor.“

Ich drehte mich also wieder um, und nun wusste ich, warum alle mich so merkwürdig wohlwollend angegrinst hatten, erst Jean in Port Etienne und dann die Leute in der kleinen Wüstenkneipe: Auf der Theke stand die Holzplastik von der Elfenbeinküste. Da saß auf ihrem Schemelchen die ebenholzschwarze Mutter, auf ihren Knien das Kind, auf den aufgetürmten Haaren das Gefäß, das rings mit Tieren beschnitzt war, und auf dem Deckel des Gefäßes der hockende Affe, der eine Banane knabberte.
Das wurde eine laute und gar nicht heilige wunderschöne Nacht.

Weihnachten

Joachim Ringelnatz

Liebeläutend zieht durch Kerzenhelle,
Mild, wie Wälderduft, die Weihnachtszeit.
Und ein schlichtes Glück streut auf die Schwelle
Schöne Blumen der Vergangenheit.

Hand schmiegt sich an Hand im engen Kreise,
Und das alte Lied von Gott und Christ
Bebt durch Seelen und verkündet leise,
Dass die kleinste Welt die größte ist.

Weihnachten moderner Junggesellen

JOSEPH ROTH

Vor einem halben Jahr noch war diese Bar nicht vorhanden. Damit sie entstehe, bedurfte es eines modernen Architekten mit einem sadistischen Zug, einer jener Männer, denen es vollkommen gleichgültig ist, ob sie ein Mausoleum, eine elektrische Hinrichtungsstätte, ein Warenhaus oder ein Nachtlokal bauen sollen, ein Maschinenhaus oder eine Gartenlaube, einen Musiksalon oder ein Badezimmer. Ein gewisser sakraler Komfort verbindet sich mit einer grausamen Nüchternheit, und das Zweckmäßige ist bis zu einem so vollendeten Grade vorausbedacht, dass es bereits die Wirkung des Schaurigen auszuüben beginnt. Es gibt in manchen Warenhäusern stahlblau beleuchtete Fahrstühle, in die man nicht ohne eine starke Erschütterung einsteigt und in denen man der Täuschung verfällt, dass sie, die sich so bemühen, das Metaphysische nicht in Betracht kommen zu lassen, dennoch in eine Art Himmel aus Violett, Chromsilber, Magnetstahl und Gift emporführen. Diese Bar erinnert an eine kahle Gruft unter einer Kapelle. Das hängt vielleicht mit dem sarkophagförmigen Bartisch zusammen, der ein massives, dunkelbraunes Halbrund bildet, mit einer Platte aus einem neuerfundenen schimmernden Metall. Es ist ein Metall, das sich dem Glas nähert und gleichzeitig dem Marmor – und ich zweifle sehr, ob es mir möglich sein wird, es deutlich zu beschreiben. Zwar hat man die Empfindung, dass es eher elastisch sein könnte als porös. Aber seine Oberfläche ist schlüpfrig, eisig etwa, und man könnte sich vorstellen, dass es, bis zu einer Durchsichtigkeit gewalzt, eine Fensterscheibe zu ersetzen imstande wäre. Es glänzt stählern und schimmert glasig und ist dennoch lautlos. Und das Wunderbarste: ein Glas, auf dieses Metall heftig gestellt, gibt gar keinen Klang, es ist, als stelle man Gummi auf Gummi! Und diese Lautlosigkeit vervollständigt den Gruftcharakter der Bar – und weil ein unhörbarer, polierter, gutgeölter Betrieb ohne viele und ohne laute Worte auskommt, Gläser nicht klirren können, Türen automatisch schließen, die neuen Wasserhähne nicht rinnen, die Bargetränke, als wären sie flüssiges Linoleum, ohne einen gurgelnden Laut aus den Flaschen in die Gläser schlüpfen: ist der Eindruck des

Toten, Erstarrten, Schattenlosen in dieser modernen Bar vollkommen.
Selbstverständlich kommen die Gäste um Mitternacht. Sie kommen so unhörbar, dass sie auftauchen, erscheinen, herbeigezaubert werden. Es sind lauter moderne Gäste. Sie haben strenge und markante Gesichter, theoretisch könnte jeder von ihnen, obwohl er nur sein Automobil hierhergesteuert hat, soeben den Ozean überquert haben, mittels eines Aeroplans; Rekordbrecher, einer wie der andere, Köpfe wie Lederhauben, Augen wie Autobrillen, Stoppuhren in der Brust, Tempo im Leib. Sie setzen sich, sagen gar nichts – und schon stehen Becher auf ihren Tischen, Mentholflüssigkeiten für die Zahnpflege, hygienischer Alkohol, angelsächsische Rauschmittel für Ozeanflieger. Sie reden gar nichts. Höchstens sagt einer zum anderen: »Haben Sie schon – –?« Und der andere ergänzt: »gelesen«. Es ist Mitternacht, alle Zeitungen von morgen sind schon erschienen, morgen kann höchstens übermorgen sein.
Merkwürdig ist nur, dass plötzlich ein Klavier ertönt. Ein Mann aus einem vergangenen Jahrhundert, er erinnert an

einen Walzer, keine Spur von Lederhaube oder Aeroplan, nur Leierkasten und Harfe, verkörperte Drehbewegung, ein erstarrter Schnörkel, viele schwarze Haare, Falten im Gesicht; dieser Mann beginnt zu singen.

Dass er aus Wien stammt, dass ein nationaler Anschlusswille ihn hierhergetrieben hat: Wer kann es bezweifeln? Schon singt er das »Fiakerlied«. Schon den »Schönbrunner Park«. Schon »Wien, nur du allein«. Und schon erglüht auf dem Klavier ein bengalischer Weihnachtsbaum, hergeholt aus einem Wald von Pappe, ausgesägt aus einer Theaterdekoration (die man jetzt nicht mehr braucht), ein Baum aus Karton, mit Nadeln aus Filz, mit Sternen aus Glühlampen. Auf der Baumspitze steckt eine Tafel: Hier können Junggesellen Weihnachten feiern.

Schon feiern sie: wehmütig geworden, der Baum rührt an ihr Innerstes, dort, wo die Stoppuhr eingebaut ist, vergessen den Ozeanflug, Marzipan herrscht vor, man war einmal ein Kind, bevor man ein Gespenst geworden, die Zeit war einmal eine Zeit, nicht immer ein Tempo. Wenn Gespenster Tränen hätten, würden sie weinen. So aber schweigen sie. Leise nur sagt einer zum anderen: »Haben Sie schon – –?« Und der andere antwortet: »morgen gelesen!«

Der Baum

HANNS DIETER HÜSCH

Wir haben vorige Woche
Den Baum geholt.
Bei uns macht sich nicht einer auf den Weg,
Sondern immer die ganze Familie.
Und wir holen nicht einen Baum,
Sondern d e n Baum.
Weil, wir haben da immer noch
Ganz feste Vorstellungen,
Der Baum muss …
So fangen unsere Sätze meist an.
Der Baum muss oder müsste,
So sagen wir auf der Hinfahrt.
Wenn sie nicht schon alle wieder weg sind, sage ich.
Alter Pessimist.
Ja, Bäume sind heute wieder gefragt.
Na warte doch die Zeit ab, alter Spielverderber.
Und wenn wir dann da sind, sagen wir wieder:
Der Baum muss aber …

Wir schreiten mit dem netten Baumverkäufer
Die Reihen
Der noch vorhandenen Bäume ab.
Er muss groß sein, der Baum, etwa 2,40 m.

Man kann doch die Spitze abschneiden.
Nicht doch.
Dann vielleicht unten am Stamm etwas kürzen,
Da ist er sowieso nicht dicht genug und dann kommt er
Auch besser in den Christbaumständer.
Er ist nur nicht ganz gerade.
Das macht doch nix.
Also was ist?
Lass uns doch erst noch mal gucken.
Da drüben stehen auch noch ganz schöne große.
Die sind oben zu kahl …
Und zu breit
Unten sind sie zu breit,
Aber schön dicht.
Wenn da Kugeln dran kommen,
Geht das schon auseinander.
Nö!

Gefällt mir nicht!
Was gefällt dir an dem Baum nicht?
Weiß ich auch nicht.
Jedenfalls, er ist mir oben zu kahl!
Und er nadelt wahrscheinlich schon früh.
Nein, nein sagt der nette Baumverkäufer,
Der nadelt nie.
Das sieht nur so aus.
Der ist gediegen.
Inzwischen ist der Baum, den wir schon ein bisschen

Ins Herz
Geschlossen hatten (wenigstens ich),
Verkauft.
Eine Familie mit sechs Kindern
Hatte kurzerhand seine Schönheit
Erkannt
Und ihn sich unter den Nagel gerissen.
Sisste, sagte ich, sisste.
Was heißt hier sisste?
Der Baum war ja wirklich in Ordnung.
Aber man muss ja nicht gleich den ersten besten Baum
Nehmen!
Der da drüben an dem Zaun lehnt,
Der ist auch wunderbar.
Der ist doch völlig krumm, siehste das denn nicht!
Der hat ne schöne Größe.
Aber von dem kannste nur eine Seite zeigen.
Die andere Seite ist doch völlig verwachsen und
Zurückgeblieben.
Nix.

Wir gucken mal weiter.
Ja, sag ich.
Wir gucken so lange,
Bis alle Bäume weg sind.
Is ja gar nicht wahr!
Is ja doch wahr und dann muss man dann
Irgendeinen nehmen,

Den wir im Traum nicht genommen hätten.
In diesem Augenblick hörte ich hinter mir eine Stimme.
Ich drehte mich um,
Sah aber niemanden.

Das heißt: Ich sah eine kleine Blautanne,
Wunderschön.
Ich blickte sie an und konnte
Die Augen nicht von ihr lassen,
Bis sie schließlich laut und deutlich sagte:
Glotz mich nicht so an,
Ich bin verkauft!
Siehst du nicht als Zeichen
Dafür den roten Papierstreifen?
Ich dachte, das sei eine Aids-Schleife.
Die hab ich auch,
Sagte das Bäumchen.
Uns Nadelbäume kann man schlecht umarmen.
Aber wir stechen dafür oft ins Schwarze,
Ins Herz, du verstehst.
Ich verstehe, sagte ich.
Da drüben, sagte das Bäumchen,
Ein bisschen versteckt,
Steht ein schöner Baum, der hat meine ganze Liebe.
Nehmt ihn Euch doch mit.
Ich bin ja schon verkauft.
Aber vielleicht sehen wir uns draußen,
In der großen Welt wieder,

Wenn wie beide hier fortkommen.
Ich versprach ihm, dass wir
Seinen geliebten Baum kaufen
Und mitnehmen.
Und die kleine Blautanne sagte Danke und fragte:
Wie ist denn das,
Wenn man verkauft wird?
Ich mach das zum erstenmal!
Ist man dann verraten und verkauft?
Was sollte ich sagen,
Nein, nein sagte ich.
Du wirst ganz schön gemacht,
Geschmückt, wie wir Menschen sagen.
Und dann?
Dann bekommst du noch Kerzen
Auf deine Zweige …
Auf meine Arme …?
Ja, auf deine Arme gesteckt!
Und dann?

Dann bekommst du auf deinen Kopf noch eine
Silberne Spitze,
Oder eine Krone.
Und dann?
Dann werden die Kerzen angezündet
Und das Licht im Zimmer
Ausgemacht.
Und du strahlst wie ein Engel.

Und mein Freund, wenn er dann bei euch ist?
Der strahlt auch.
Und die Menschen strahlen und entdecken
In ihren Augen
Die Freude
Und das Wunder ihrer Existenz.
Durch meine Existenz, fragte die kleine Blautanne?
Ja, sagte ich,
Auch durch deine Existenz.

Fürchte dich nicht, sagte ich,
Wir sehen uns wieder.
Vielleicht bin ich dann ein Baum
Und du bist ein Mensch.
Und wir nahmen den großen schönen Baum,
Den Freund der kleinen Blautanne, mit uns
Und wir haben ihn geschmückt!
Wie ich's erzählt habe,
Der kleinen Blautanne zuliebe,
Und uns zuliebe,
Allen Lebewesen zuliebe, die unter Gottes Himmel
Nun die Möglichkeit haben,
Sich in diesen Tagen neu zu
begegnen,
Sich neu zu verstehen und neu
zu begreifen,
Und alle Macht dem Frieden zu
schenken.

Der Christabend

Ludwig Thoma

Bei Oberstaatsanwalt Saltenberger hatten sie drei Töchter, Emerentia, Rosalie und Marie.
Alle im höchsten Grade fähig und entschlossen, dem ledigen Stande zu entsagen.
Das herannahende Weihnachtsfest brachte die geliebten Eltern auf den Gedanken, dass sie ihre Kinder am besten mit Männern bescheren würden, und sie überlegten lange, wie dieses zu ermöglichen wäre.
Mama Saltenberger meinte, ihr Mann sollte seine hervorragende Beamtenstellung in die Waagschale werfen und jüngere Kollegen durch die Macht seines Ansehens an ihre staatsbürgerlichen Pflichten erinnern. Saltenberger war nicht prinzipiell abgeneigt, aber er betonte, dass dieser Einfluss nur in ganz familiären Grenzen ausgeübt werden dürfe, und dass man in der Wahl der Objekte sehr vorsichtig sein müsse.
In geheimer Beratung wurde zur engeren Wahl der zukünftigen Familienmitglieder geschritten.
Beide Eheleute einigten sich zunächst auf Karl Mollwinkler, zweiter Staatsanwalt. Er war ziemlich abgelebt, und sein kränklicher Zustand ließ hoffen, dass er sich nach der Pflege einer geliebten Frau sehne.

Als zweiter ging Sebald Schneidler, königlicher Landgerichtssekretär, durch.
Nicht ohne Widerspruch. Frau Saltenberger fand die Stellung denn doch etwas subaltern. Ihr Mann hatte Mühe, sie zu überzeugen, dass die gegenwärtige Zeitrichtung die Standesunterschiede einigermaßen nivelliert habe, und dass speziell in Heiratsfragen eine zu strenge Auffassung von Übel sei.
Schließlich kam man dahin überein, dass Schneidler sich in Anbetracht seiner sozialen Verhältnisse mit der ältesten Tochter, der vierunddreißigjährigen Emerentia zu begnügen habe.
Die Aufstellung des dritten Kandidaten bereitete Schwierigkeiten.
Unter den Juristen fand sich trotz sorgfältigster Prüfung keiner mehr, der des Vertrauens würdig gewesen wäre.
Man musste wohl oder übel in eine andere Sparte hinübergreifen.
Aber auch da zeigten sich überall unüberwindliche Schwierigkeiten, und schon wollte der Oberstaatsanwalt an der gestellten Aufgabe verzweifeln, als im letzten Moment Frau Saltenberger den rettenden Gedanken fasste.
„Weißt du was, Andreas“, sagte sie, „wir nehmen einfach einen von der Post. Da sind die meisten Chancen, denn fast alle Verlobungen, welche man an Weihnachten in der Zeitung liest, gehen von Postadjunkten aus.“

Dieses leuchtete ihrem Manne ein, und er gab seine Zustimmung zur Wahl des Postadjunkten Jakob Geiger. Somit war die Sache gediehen; es galt nunmehr, die zur Bescherung Vorgemerkten unter die drei Töchter zu verteilen.
Und das war das Schwierigste.
Der Friede wich aus dem Hause des Oberstaatsanwalts Saltenberger.
Emerentia brach in Tränen aus, als die Eltern von dem Plane sprachen; sie sei immer das Stiefkind gewesen, die anderen Fratzen habe man verhätschelt und verzogen, nur sie sei misshandelt worden und jetzt solle sie sich mit einem Sekretär begnügen.
Vielleicht müsse sie noch Komplimente machen vor dem ekelhaften Ding, der Rosalie, die man natürlich zur Frau Staatsanwalt nehme, obwohl sie die Dümmste von allen sei. Aber nein! nein! und nein! Da kenne man sie schlecht. Sie lasse nicht auf sich herumtrampeln, und lieber verhindere sie den Plan, so dass gar keine einen Mann erwische, als dass sie sich mit dem Affen von einem Sekretär abfinden lasse.
Ihr Widerstand war leidenschaftlich, aber nicht schlimmer als derjenige von Marie, welcher man den Postadjunkten zugedacht hatte. Sie war die Jüngste und durfte billig annehmen, dass sie auf dem Heiratsmarkte die besten Preise erzielen könne. Allerdings schielte sie, aber sie sagte sich, dass ein verständiger Mann solche Kleinigkeiten nicht beachte. Zudem, lie-

ber schielen als einen Kropf haben wie Emerentia oder schlechte Zähne wie Rosalie.
Papa Saltenberger hatte böse Tage; während er auf dem Bureau weilte, sammelte sich daheim eine unglaubliche Menge Sprengstoff an, welcher regelmäßig beim Mittagstisch explodierte.
So ging das nicht. Die Eltern beschlossen, die drei Herren als Ganzes zu bescheren und die Wahl den Kindern zu überlassen.
Auf diese Weise hatten wenigstens sie Ruhe gefunden, wenngleich der Krieg unter den Schwestern fortdauerte. Emerentia stickte in heimlicher Abgeschlossenheit an einem Paar Pantoffeln, und bei jedem Stich wurde sie fester entschlossen, dieselben nur dem zweiten Staatsanwalt Mollwinkler zum Zeichen ihrer Liebe an die Füße zu stecken.
Rosalie häkelte einen Tabakbeutel, Marie strickte wollene Handschuhe.
Und jede wusste, wem sie die Gabe weihen würde. Alle drei zogen die Mutter ins Vertrauen, und da Frau Saltenberger einen gutmütigen Charakter hatte, sagte sie zu jeder verstohlen: „Kindchen, Kindchen, ich seh' dich noch als Frau Staatsanwalt."
Und jede war glücklich darüber. Erstens überhaupt, und dann, weil die zwei anderen Maulaffen vor Neid bersten würden.
So kam allmählich das heilige Weihnachtsfest heran mit seinem unvergesslichen Zauber für die Familie,

jener Tag, an welchem die Junggesellen so ganz besonders Sehnsucht empfinden nach einem schöneren Lose, nach einer liebenden Gattin und nach Kindern, welche mit ihren Spielzeugen um den Christbaum tanzen.

O, welche Gefühle walteten in dem Hause des Oberstaatsanwalts Andreas Saltenberger!

Das war ein Raunen und Flüstern, ein geheimnisvolles Weben, ein Hin und Her, von einem Zimmer in das andere, bis endlich um sieben Uhr Vater, Mutter und die drei Töchter sich im Salon versammelten, festlich geschmückt und sehr erwartungsvoll.

Jede der Schwestern erregte durch ihr reizendes Aussehen die Freude der Eltern und das verächtliche Mitleid der beiden anderen.

Es läutete. Das Dienstmädchen eilte zur Türe, im Salon hielten fünf Menschen den Atem an. Wer kam? Eine tiefe Stimme, unverständlich, dann schlurfte das Mädchen zurück und übergab dem hastig öffnenden Papa einen Brief. Aufreißen und lesen. Sekretär Schneidler sagt mit bestem Dank ab, da er heimreise. Die drei Schwestern atmeten auf. Auf diesen Menschen hatte keine reflektiert. Es läutete wieder. Das Dienstmädchen überbrachte einen zweiten Brief.

Die Absage des Herrn Staatsanwalts Mollwinkler wegen Unwohlseins.

Drei Lebenshoffnungen waren vernichtet; der Vater blickte die Mutter an, die Schwestern bissen sich auf

die Lippen, und ihr Schmerz wäre unerträglich gewesen, wenn sich nicht ein klein wenig Freude an der Enttäuschung der anderen darein gemengt hätte.
Was tun? Papa Saltenberger raffte sich auf und sagte mit erzwungener Höflichkeit: „Wozu auch fremde Menschen? Nun wollen wir das Fest so recht unter uns begehen!“
Da läutete es wieder. Und diesmal kam der königliche Postadjunkt Geiger, welcher noch niemals abgesagt hatte.
Er hatte es nicht zu bereuen. Er war der verhätschelte Liebling der Familie; er bekam ein Paar Pantoffeln, einen Tabakbeutel und wollene Handschuhe, viele Süßigkeiten, Äpfel und Nüsse.
Er trank einen sehr guten Wein und einen famosen Punsch, er aß Rheinsalm, Rehbraten und Pudding und bewunderte die Freigebigkeit der Familie, welche für ihn allein so reichlich auftragen ließ.
Er sagte allen Damen Liebenswürdigkeiten und ließ sich von jeder in der gehobenen Stimmung auf die Füße treten.
Und als er ziemlich betrunken den Heimweg antrat, sagte er sich, dass das Familienleben doch sein gutes, besonders hinsichtlich der leiblichen Genüsse habe.
Und er verlobte sich am Silvesterabend mit der wohlhabenden Witwe Reisenauer, welche ein gut gehendes Geschäft am Marktplatz hatte.

So ward der Herr geboren

LUDWIG THOMA

So ward der Herr geboren
im Stall bei der kalten Nacht.
Die Armen, die haben gefroren,
den Reichen wars warm gemacht.

Sein Vater ist Schreiner gewesen.
Die Mutter war eine Magd.
Sie haben kein Geld nicht besessen,
die haben sich wohl geplagt.

Kein Wirt hat ins Haus sie genommen.
Sie waren von Herzen froh,
dass sie noch in den Stall sind gekommen.
Sie legten das Kind auf Stroh.

Die Engel, die haben gesungen,
dass wohl ein Wunder geschehn.
Da kamen die Hirten gesprungen
und haben es angesehn.

Die Hirten, die will es erbarmen,
wie elend das Kindlein sei.
Es ist eine G'schicht' für die Armen,
kein Reicher war nicht dabei.

Die heilige Weihnachtszeit

PETER ROSEGGER

Nun ist der Christabend endlich gekommen. In der Stube brennt heute eine geweihte Weihnachtskerze. Auf dem weißgescheuerten Tisch ist aus steifpapiernen Heiligenbildern ein Altar aufgerichtet und inmitten steht das Kruzifix. In der Stube ist es feierlich stille, aber draußen in der Nacht bläst der Nordwind und pfeift und poltert in der heiligen Stunde wie ein Heide. Doch auf den Fensterscheiben blühen Blumen und Rosen. Kennt ihr die Geschichte davon?
Da standen sie einst im Mai auf dem Fensterbrette, die Blumen und Rosen, und sie waren zart und frisch und blühten und dufteten – denn die Jungfrau pflegte sie und hatte ihre Freude an den Kindern des Frühlings. Aber da kam der heiße Sommer, und langsam starb der Blumenstrauß dahin. Als nun aber jene Nacht des Heiles und der Erlösung kam, in welcher die Toten in den Gräbern lebendig werden und die Geister singen: Ehre sei Gott in der Höhe!, da erschien auch der Geist des Blumenstraußes am Fenster und entfaltete sich in Zweigen und Rosen. Das sind die Blumengeister.

So etwa denkt sich das Mütterchen, das am Ofen kauert und betet, dass das Jesuskind komme. Daneben kniet ein Knabe, der zittert in Angst und Erwartung und betet ebenfalls: „Lieb' Jesuskindlein komme!" Da geht die Tür auf und der Bauer und der Großknecht treten ein. Ersterer trägt ein Kohlengefäß, aus welchem Weihrauchwolken hervorqualmen, letzterer einen Topf mit Weihwasser und Sprengreisig.
So ziehen die beiden in Haus und Hof umher, mit dem geweihten Rauch und dem Weihwasser den Segen Gottes in alle Kisten und Kästen und Kammern und Ställe sprengend. Mitunter wird heute das ganze Grundstück umkreist und auf diese Art eingesegnet.
Dieses Rauchen und Sprengen wird auch in der Neujahrs- und Dreikönigsnacht wiederholt und werden solche Nächte die Rauchnächte genannt.
Im (windischen) Unterlande ist am Heiligen Abend die Sitte des Krippenverbrennens üblich. Auf einsamer Weide werden spät abends drei Krippen in Asche gelegt und mit dieser Asche die Häupter der Mädchen bestreut, welche sich nach einem Manne sehnen. Nicht gestillt soll dadurch die Sehnsucht werden, wohl aber soll sie in Erfüllung gehen, worauf sich manche allerdings wieder das Haupt mit Asche bestreuen mag.
Nach dem „Rauchen" wird vor dem Hausaltare gebetet und darauf kommt ein heute besonders gutes Nachtmahl.

Nach demselben wird gewaschen und geputzt und gebürstet, und sind die Leute mit allem fertig, so setzen sie sich zu Tische, lesen drei Evangelien zum Christfest oder singen Weihnachtslieder.

Mittlerweile wird es Zeit zum Kirchengang. Festlich angetan stehen die Leute um den Herd und zünden sich eine Fackel an. Diese voraus, eilen sie nun von ihren Bergen in die Täler, vereinigen sich dort mit anderen und ziehen hinaus gegen das Dorf zur Pfarrkirche. Viele sind weit von dieser entlegen und kommen erst oft um zwölf Uhr, wenn schon alle Glocken klingen, bei derselben an. Es ist schön, wie von allen Seiten die Lichter herbeikommen, und endlich um das Gotteshaus einen förmlichen Kranz bilden. Aber auch aus den hohen Kirchenfenstern strahlt heller Glanz und die Orgel tönt – schmetternde Musik erschallt vom Chor mitten in der Nacht und liebliche Weihnachtslieder wiegen dazwischen, freilich nur selten mehr jene alten Hirtenlieder, wie sie unsere Vorfahren in ihrer frommen einfältigen Weise und in ihrer Mundart gesungen haben. Nun von der Kirche wieder zurück zum stillen Gehöft.

Wer zu Hause bleibt, der hat gar eine wundersame Stunde zu durchleben. Er denkt heute nicht an den Schlaf, sondern befleißigt sich des Gebetes und frommer Übungen. Nun, und zwischen elf und zwölf Uhr ist die Zeit zum „Losen".

Jawohl, zum Lauschen an den Stalltüren und Krippen, denn zu dieser geheimnisvollen Stunde redet das Vieh in menschlicher Sprache, und wer Farnsamen bei sich hat, der kann's hören. Derlei Weihnachtssagen gibt es unzählige.

Will einer die Toten sehen, so muss er den ganzen Stuhl aus bestimmten Hölzern anfertigen, dann mit demselben in der Christnacht auf einen Kreuzweg gehen und auf diesen steigen. Dann sieht er alle Toten ohne Kopf.

Wenn es an diesem Abende Ave Maria läutet, so laufen die Leute hinaus unter einen Zwetschgenbaum und beten, hören sie dann in der Scheuer etwas poltern, so stirbt jemand. Wenn man nach der Mette nach Hause kommt, muss man dreimal ums Haus gehen und durch das vordere Fenster hineinsehen. Hört man Musik, so wird im Hause eine Hochzeit sein, hört man sägen, eine Leiche.

Fällt man beim Nachhausegehen von der Christmette, so stirbt man im nächsten Jahre.

Wenn am Christabend zuerst Licht in die Stube kommt, muss man seinen Schatten sehen, sieht man ihn ohne Kopf, so stirbt man.

Will eine Frau wissen, wer im nächsten Jahr stirbt, so fegt sie am Abend neun Mal die Stube von vorn nach hinten, darauf läuft sie neun Mal ums Haus und sieht beim zehnten Mal durchs Fenster ins Zimmer, sieht sie eine Bahre, so stirbt jemand.

Will man seinen künftigen Beruf erfahren, so geht

man um die elfte Stunde, wenn in der Pfarrkirche geläutet wird, mit einem Trinkglase zum Brunnen, tut dann Eiweiß in das Glas und sieht nach der Rückkehr von der Metten hinein. Wird man Geistlicher, so sieht man einen Kelch.

Ist es in der Christnacht windig, so entsteht Krieg.

Wenn die Mädchen von der Metten aus der Kirche gehen, ziehen sie am Glockenstricke, in dem Glauben, dass sie dann im nächsten Jahre heiraten werden.

Ist die Christnacht schön und heiter, so wird die Ernte des nächsten Jahres schlecht ausfallen; ist sie aber recht dunkel, so wird die Ernte gut.

Durchsticht man am Christabend ein rotes Spielkartenbild, so kann man durch das Loch die Hexen tanzen sehen.

Um Weihnachten kann man dem Vieh am meisten schaden, besonders können die Zauberer am Heiligen Abend den Pferden Krankheiten zufügen, damit ihre eigenen dann umso besser gedeihen.

Glaubt man heute gleichwohl nicht mehr recht an solche Sachen, so ist es doch ein unheimliches Wachen in dem einsamen Hause.

Um drei oder vier Uhr morgens kommen die Leute von der Mette endlich heim. Hier erwartet sie Fleisch und „Kletzenbrot“, damit in dieser segensreichen Nacht auch dem Leibe Heil widerfahre!

In der Gegend von Schöder gehen zu Weihnachten die Kinder von Haus zu Haus „bisen“, d. h. sammeln.

Was sie kriegen, heißt Bisengut – 's ist dem Jesukind vermeint, aber es erfreut und sättigt auch die Menschenkinder.
Jetzt aber muss ich noch ein Weihnachtsgeschichtel erzählen aus meinen jungen Jahren.

An einem Dezemberabend kam der Bettelmann zu uns ins Waldbauernhaus. Er war noch nicht betagt, war nicht mühselig, aber er bettelte. Er stehe sich beim Betteln besser, meinte er, als beim Arbeiten. Erstens sei im Winter bei den Bauern schwer eine Arbeit zu bekommen, zweitens sei das Holzhacken im Schnee weniger angenehm als das Sitzen in der warmen Stube als „Statthalter Gottes". Damit spielte der Schalk auf den Pfarrer an, der gerne predigte über den Text, dass der Herr Jesu heute noch auf Erden wandle, und zwar in Gestalt der Armen, und dass, was man Armen tue, ihm selbst getan sei.

Diese schöne Lehre der Barmherzigkeit verstand der Bremersepp – wie er hieß – nicht übel auszunutzen, und so saß er in der Bauernstuben herum, einmal am Herde, einmal am Tische, dann wieder neben dem Strohschaub, den er als Bett erhielt unter dem Ofen. Freimütig gesagt, waren aber die Bauern in unserem Alpel immer noch nicht evangelisch genug gesinnt, um eine solche Statthalterschaft recht zu schätzen, sie duldeten den Faulenzer aus einem anderen

Grund. Etliche Wochen früher war der Bremer als Verabschiedeter vom Militär zurückgekommen.
Seine Verwandten waren während seiner Abwesenheit gestorben, er fand kein Heim mehr, nachdem er zwölf Jahre lang bei den Soldaten gewesen. Aber er wusste sonderlei Merkwürdigkeiten zu erzählen von der weiten Welt und aus seinem Leben als Tambour, er kannte auch viele wundersame Geschichten, Märchen und hatte allerhand Schnurren und Schwänke in sich, um denen er die Leute an den langen Abenden köstlich unterhielt. Dem Hausvater war stets daran gelegen, dass die Knechte und Mägde beim Späneklieben, Rübenabkräuteln, Krautschaben und Flachsspinnen nicht allzu früh schläfrig wurden und dann etwa von der alten Gewohnheit, um neun Uhr ins Bett zu gehen, Gebrauch machten. Der Bremer packte seine „Faxen" aus, sie bewunderten, sie lachten, sie schauderten und blieben oft bis gegen Mitternacht bei der Arbeit.
So hat sich der „Statthalter" erklecklich ausgezahlt und wir, die jüngeren, hatten an dem vielerfahrenen Manne einen lustigen Lehrmeister, dem besonders ich etwelches zu verdanken habe; manche meiner Geschichten, die erst in späten Jahren reif geworden, hat damals der Bremer gesät. Wenn der Bettelmann Gefahr witterte, dass er am nächsten Tage mit seinem Tragkorb höflich weitergeschickt werden könnte zum Nachbarn, so hub er am Abende zuvor eine wunderbare Begebenheit an zu erzählen und

verschob die Fortsetzung auf den nächsten Abend. In allen Zeiten hat diesen Spaß schon die berühmte Scheherazade erprobt, heute wiederholen ihn die Zeitungen, er bewährt sich immer, und den Bremer haben sie nirgends fortgeschickt, bevor er eine Geschichte zu Ende erzählt.

So war der Bremersepp also auch bei uns eingetreten mit der artigen Bitte, er möchte seine verfrorenen Beine gerne ein wenig wärmen an dem Herdfeuer. Meine Mutter riet ihm das Schneeschaufeln, das mache auch warm.

„Oh, meine liebe Waldbäurin!", rief der Bremer, „warm macht's freilich, aber helfen tut's nichts; schaden tut's. Die sündteuren Schaufeln wetzt man dabei ab und morgen schneit es doch wieder alles zu. Und wenn's mehr zuschneit, so ist's noch schlimmer bei der unsicheren Zeit, wo die Schelme und Räuber frei truppenweise umherziehen bei der Nacht. Sich gut in Schnee einmauern lassen und das Haus mit Mannerleuten besetzen, auch mit solchen, die von Wehr und Waffen was verstehen, ist das allerbeste, was gescheite Waldbauernsleute tun können."

Wir im kargen Waldbauernhause hatten zwar nie besonderen Anlass, uns vor Räubern zu fürchten, doch aber mochte meine Mutter gedacht haben: weil er gar so schlau schwatzen kann, mag er halt sitzen bleiben in der Stube. Gut schwatzen muss man auch lohnen. – Saß also der Bremer noch am selbigen

Abende beim Ofen und saß eine Woche später auch noch beim Ofen.

Wir hatten ihn recht gern, er war auch außerhalb seiner Schnurren ein ergötzlicher, ganz artiger Mensch. Und gar nicht übel anzusehen! Die blaue Soldatenhose hatte er an und die graue Holzmütze auf, unter welcher an beiden Ohren die schneidigen Lockensechser, hübsch glatt gewichst, hervorstanden. Er hielt was auf sich und tat sich täglich an den Backen und dem Kinn rasieren, auch hinten am Nacken; weil er dorthin selbst nicht gelangen konnte, so musste ihm unser Altknecht die goldig glitzernden Härchen wegkratzen. Das Schnurrbärtl ließ er stehen und spitzte es mit Schusterpech scharf auf, dass es nach beiden Seiten ganz bajonettartig in die Luft stach, gleichsam wie eine Waffenbereitschaft, für den Fall ihn eine unserer Dirnen plötzlich küssen wollte. Ob eine solche Gefahr bestand, das weiß ich nicht, wenigstens hat er sie nicht selbst heraufbeschworen. Für einen dreiunddreißigjährigen Soldatenabschieder tat er spottwenig um mit den Dirnlein. Höchstens guckte er manchmal der einen so ein bisschen schiefwinkelig nach, der Stallmagd Christina. Und siehe, diese Christina hatte einen großen Abscheu vor dem hübschen Bettelmann. Sie war sonst ein rundes gutmütiges „Leutel", aber wenn ihr der Bremer in die Nähe kam, da wurde sie ganz eckig, spitzte die Ellbogen und war aufgeregt wie eine Henne, wenn der Geier nicht weit ist. Sie ließ ihm auch ihre Verachtung merken. Der Bremer aber schmunzelte ihr nach und drehte an seinen Bartspitzen.

Und als der Mann so eine Woche bei uns im Waldhause gewesen war, da kam das heilige Weihnachtsfest. In der Christnacht verließ alles, was gehen konnte, das Waldhaus und ging über die weiten Höhen hin zur Kirche von Fischbach, wo ununterbrochen die Glocken läuteten, bis, wie man sagte, der Letzte herauskam vom hintersten Graben. Aus fernem Tal her kam hin und wieder ein leiser, halbverlorener Glockenklang auch zu uns herauf. Es war eine helle Mondnacht, nur bisweilen flogen Wolkenfetzen vorüber und verdeckten das stillheitere Rundgesicht am Himmel. Unser waren ein ganzes Rudel von Burschen und Dirnen; Vater und Mutter nur waren daheim geblieben, um das alte Haus zu hüten. Der „Statthalter" war auch bei uns und brachte wieder Schnurren vor. So wusste er vom Teufel zu erzählen, der in der Christnacht mit dem Fünfguldenbeutel umgeht, den er solchem, der ihm die Seele verschreibt, zum Angebinde verehrt; von den Tieren, die in dieser Nacht in menschlicher Sprache sich ihre Leiden klagen, die sie das Jahr hindurch von den argen Menschen auszustehen gehabt, und auch von den Wolken, die jedem, der so was zu lesen versteht, alle Bevorstehungen des kommenden Jahres an den Himmel schreiben.

Die Stallmagd Christina entrüstete sich stumm über derlei Frevel, die Weidmagd hingegen war auf ihre „Bevorstehungen" besonders neugierig, sie fragte daher, wie das wäre.
„Ja, mein Schatzerl, das ist so!", belehrte der Bremer und drückte sich eng unter die Leute. „Da müssen wir aufpassen, wenn ein Kreuzweg kommt. Am Kreuzweg müssen wir uns alle aufstellen im Kreis und gegen Himmel schauen, was die Wolken für Figuren machen, und auf die Baumäste horchen, ob sie kraxen. Da werden wir schon etwas erfahren. Seid ihr dabei?"
Wir waren alle dabei. Auf der flachen Höhe des Waldes angelangt, sahen wir im Mondenlicht den Pfahl, welcher mit drei Armen hinauswies gen Stanz, gen Sankt Kathrein und gen Fischbach. Der Bremer kommandierte uns in Reih und Glied eines Kreises. Ein alter Kohlenbrenner aber war mit, der lief seitab, hielt sich Augen und Ohren zu: er wolle nichts wissen. Das Unglück, wenn eins bevorstehe, erfahre der Mensch immer noch früh genug.
Wir anderen standen im Kreise, immer ein Bub und ein Mädel aneinander, und hielten uns an den Händen, und schauten in den Mond, an welchem die Wolken zogen. Für jeden und jede besonders wurde wahrgesagt, und der Bremer wählte die Leute und deutete die Dinge. Mit dem Altknecht hub es an, da stand der lachende Mond rein und die Wolken wichen ihm aus.
„Der Altknecht hat siebzig Gulden Jahrlohn, da wird

freilich der Himmel nicht trüb werden", sagte der Bremer. Als es die alte zahnlückige Liesel galt, die gern keifte, da versteckte sich der Mond rasch hinter eine dichte Wolke. „Ist ohne weitere Auslegung verständlich", sagte der Bremer. Beim Feldbuben Hans bildete die Wolke neben dem Mond eine Art Sack, der aber sachte zusammenschrumpfte. „Wird auch aufs Jahr Karten spielen, der Hansel", sprach der Bremer. Beim Ochsenknecht kam ein großes Ungeheuer heran, tat den Rachen auf und fraß den Mond. Dieses Zeichen wusste der Bremer nicht zu erklären. „Wenn man sich heutzutage noch dem Schwarzen verschreiben könnte, so möchte ich an so etwas denken", sagte er. Wir mussten es der Zeit überlassen, was sie über den Ochsenknecht verhängen würde. Bei der Stallmagd Christina, die sich widerwillig in den Kreis gestellt hatte, hub ein helles Hallo an! Gerade unter dem Monde spielten die Wolkenzipfel so, als ob ein Männlein und ein Weiblein nebeneinander ständen und sich die Hände reichten. „Heiraten wird sie", sagte der Bremer in dumpfen Tone. Da schrie die Christina auf: „Ich mag nit heiraten!", riss aus und lief wegshin. Aber sie wendete sich um, noch hörten wir ihre helle Stimme: „Keinen Faulenzer mag ich nit! Keinen Menschen, der kerngesund ist und seine geraden Glieder hat und nit arbeiten will, den mag ich nit! Die starken Händ' zum Betteln aufhalten, pfui Teufel! Und wenn's das einzige Mannsbild wär' auf der Welt,

und wenn er in Guld und Edelgestein gefasst wär', und wenn er so schön wär' wie der Adam als er neuer, wie ihn Gott erschaffen gehabt hat: wenn er nit arbeiten tät', wenn er nur schmarotzen wollt, so möchte ich ihn nimmer und nimmer zu meinem Mann. Gute Nacht allmiteinand!" Und dann war sie in den Waldweg verschwunden. Etliche von uns lachten, andere schauten auf den Bremer. Wie der hölzerne Wegweiser daneben, so starr stand er da, und endlich sagte er leise und langsam: „Das ist ein verflixtes Weibmensch, diese Christina, aber – recht hat sie!"
Und dann ist er ihr nachgegangen. Denn dumm war er nicht, wusste auch, was er wollte. – Wer hat ihr denn gesagt, dass sie just den „Faulenzer" nehmen sollte? Das hatte der Mond nicht gesagt, und sonst auch niemand. Ei, doch! Einer hatte es gesagt, aber ganz heimlich, in stiller Nacht, nur zu sich allein gesagt, und das war er selber, der Sepp. – Und die Christina hatte sich jetzt gottlos verraten. Die muss schön viel an ihn denken, wenn ihr kein anderer einfällt, den sie – nicht heiraten will!
Kurze Zeit darauf stand die Wegzeigersäule wieder allein auf der Waldhöhe, und das Wolkenspiel fuhr fort, die künftigen Geschicke den Menschen an den Himmel zu zeichnen.
Ob es aber auch zutrifft?
Ein Jahr darauf, als wieder Weihnachten kam, hatte der Ochsenknecht sein arm Dirnlein verlassen und in einen

großen Bauernhof geheiratet. Aber in diesem Hofe, neben dem Geldsack, saß ein Drache, die alte Bäuerin, der er sich hatte verschreiben müssen mit Leib und Seele. Und der Bremersepp? Der hatte ein Kleinhäusel gepachtet, im Frühjahr den Acker gepflügt, Korn gesät und Kartoffeln angebaut. Und dann war er eines Tages zu uns gekommen – wie – der als Bettelmann. Nicht mehr bettelte er um einen Sitz am warmen Ofen, nicht mehr um eine warme Suppe, er bettelte um die Stallmagd Christina, die freilich auch nicht kalt war. Zuerst schmetterte sie ihm unter glühendem Augenleuchten sein bisheriges Vagabundenleben ins Gesicht, dann nahm sie ihn. Denn sein Korn stand schon im Grünen und die Kartoffeln huben an zu blühen, so brauchte er weiter nicht ein Wort zu sagen, dass er auch arbeiten könne. – Die Gefahr zeigte sich erst wieder in späteren Jahren. Als die Kindlein erschienen waren, wollte er nicht mehr draußen ackern oder Holz schneiden, wollte lieber in der Stube bei den Kleinen sitzen und ihnen allerlei Geschichten erzählen und Schnaken vormachen, weil sie gar so fröhlich dabei lachten. – Da sah er einmal bei einem Kreisstehen in der Weihnacht, das er nach altem Brauche gerne noch trieb, am Himmel ein seltsam Spiel. Die Ruine eines Hauses und eine Gruppe von verkümmerten Bettelleuten, die unter einer Riesenpeitsche sich in Fetzen lösten. – Da ging er hin, arbeite mit neuem Eifer, und die heiteren Schwänke hob er sich für den Sonntag auf.

Es ist Weihnachtstag

REINHARD MEY

Es ist Weihnachtstag, und es ist Viertel nach zwei.
Ich kann aufatmen,
der Weihnachtsstress ist endlich vorbei.
Jetzt gibt's gar nichts mehr zu kaufen,
alle Läden sind zu:
Klappe zu, Affe tot, jetzt ist endlich Ruh'.
Ich hab' den Baum im Ständer,
die Geschenke eingehüllt,
alle Karten abgeschickt, kurz –
alle Pflichten sind erfüllt.
Jetzt bring' ich nur noch so,
als kleine Aufmerksamkeit,
'ne Dose Weihnachtskeks zu Müller-Wattenscheidt.

Zu Müller-Wattenscheidt,
da führt der Weg mich nun mal genau
vorbei am Haus von Dr. Zickendraht
und seiner Frau,
die hat mir 'ne Autofensterkloroll'nhäkelmütz
geschenkt.
Und wenn sie nichts von mir kriegt,
ist sie zu Tod' gekränkt.

Also kling'le ich bei ihr und überreich' ihr gradewegs
die für Müller-Wattenscheidt bestimmte Dose
Weihnachtskeks.
Sie nötigt mich auf ein Glas Persiko und Erdnussflips
und schenkt mir dann ein selbstgegoss'nes
Fachwerkhaus aus Gips.

So, die Zickendrahts sind gut bedient,
doch, andererseits,
was schenke ich denn jetzt bloß
den Müller-Wattenscheidts?
Die Läden zu, die Kekse weg, der Ofen ist aus,
ach, dann schenk' ich ihnen halt
das gips'ne Fachwerkhaus.
Es macht sie glücklich, und sie hängen es auch gleich
an die Wand,
Loben mein Basteltalent und preisen
meinen Kunstverstand,
Und schenken mir, so sehr ich mich auch wehre
und empör',
'ne Krawatte und dazu 'ne Flasche Eierlikör.

Mann, jetzt aber nichts wie auf dem schnellsten
Wege nach Haus.
Da treff' ich vor Zickendrahts doch noch Roswitha
und Klaus.
Und die drücken mir gleich großzügig 'ne
Dose in die Hand:

Und zwar die mit meinem Keks,
die hab' ich gleich wiedererkannt.
Also rück' ich schweren Herzens
nun auch meine Beute raus:
Die Krawatte kriegt Roswitha
und den Eierlikör Klaus.
„Frohe Weihnacht“ säuseln sie, „wir müssen weiter,
tut uns leid,
wir sind grade auf dem Weg
zu Müller-Wattenscheidt!“

Was lehrt uns dieses Gleichnis?
Dass auch mit Hinterlist
geben nun mal seliger denn nehmen ist!

Das Geschenk der Weisen

O HENRY

Ein Dollar und siebenundachtzig Cent. Das war alles. Und sechzig Cent davon in Pennies. Stück für Stück ersparte Pennies, wenn man hin und wieder den Kaufmann, Gemüsemann oder Fleischer beschwatzt hatte, bis einem die Wangen brannten im stillen Vorwurf der Knauserei, die solch ein Herumfeilschen mit sich brachte. Dreimal zählte Della nach. Ein Dollar und siebenundachtzig Cent. Und morgen war Weihnachten.

Da bliebe einem nichts anderes, als sich auf die schäbige kleine Chaise zu werfen und zu heulen. Das tat Della. Was zu der moralischen Betrachtung reizt, das Leben bestehe aus Schluchzen, Schniefen und Lächeln, vor allem aus Schniefen.

Während die Dame des Hauses allmählich von dem ersten Zustand in den zweiten übergeht, werfen wir einen Blick auf das Heim. Eine möblierte Wohnung für acht Dollar die Woche. Sie war nicht gerade bettelhaft zu nennen, höchstens für jene Polizisten, die speziell auf Bettler gehetzt werden.

Unten im Hausflur war ein Briefkasten, in den nie ein Brief fiel, und ein Klingelknopf, dem keines Sterblichen

Finger je ein Klingelzeichen entlocken konnte. Dazu gehörte auch eine Karte, die den Namen „Mr. James Dillingham jr." trug. Das „Dillingham" war in einer früheren Zeit der Wohlhabenheit, als der Eigentümer dreißig Dollar die Woche verdiente, hingepfeffert worden. Jetzt, da das Einkommen auf zwanzig Dollar zusammengeschrumpft war, wirkten die Buchstaben des „Dillingham" verschwommen, als trügen sie sich allen Ernstes mit dem Gedanken, sich zu einem bescheidenen und anspruchslosen D zusammenzuziehen. Aber wenn Mr. James Dillingham jr. nach Hause und oben in seine Wohnung kam, wurde er „Jim" gerufen und von Mrs. James Dillingham jr., die bereits als Della vorgestellt wurde, herzlich umarmt. Was alles sehr schön ist.
Della hörte auf zu weinen und fuhr mit der Puderquaste über ihre Wangen. Sie stand am Fenster und blickte trübselig hinaus auf eine graue Katze, die auf einem grauen Zaun in einem grauen Hinterhof spazierte. Morgen war Weihnachten, und sie hatte nur einen Dollar siebenundachtzig, um für Jim ein Geschenk zu kaufen. Monatelang hatte sie jeden Penny gespart, wo sie nur konnte, und dies war das Resultat. Zwanzig Dollar die Woche reichen nicht weit. Die Ausgaben waren größer gewesen, als sie gerechnet hatte. Das ist immer so. Nur einen Dollar siebenundachtzig, um für Jim ein Geschenk zu kaufen. Für ihren Jim. So manche glückliche Stunde hatte sie damit verbracht, sich etwas Hübsches für ihn auszudenken. Etwas Schönes, Seltenes, Gediegenes – etwas, was annä-

hernd der Ehre würdig war, Jim zu gehören. Zwischen den Fenstern stand ein Trumeau. Vielleicht haben Sie schon einmal einen Trumeau in einer möblierten Wohnung zu acht Dollar gesehen. Ein sehr dünner und beweglicher Mensch kann, indem er sein Spiegelbild in einer raschen Folge von Längsstreifen betrachtet, eine ziemlich genaue Vorstellung von seinem Aussehen erhalten. Della war eine schlanke Person und beherrschte diese Kunst.
Plötzlich wirbelte sie von dem Fenster fort und stand vor dem Spiegel. Ihre Augen glänzten und funkelten, aber ihr Gesicht hatte in zwanzig Sekunden die Farbe verloren. Flink löste sie ihr Haar und ließ es in voller Länge herabfallen.
Zwei Dinge besaßen die James Dillinghams jr., auf die sie beide unheimlich stolz waren. Das eine war Jims goldene Uhr, die seinem Vater und davor seinem Großvater gehört hatte. Das andere war Dellas Haar. Hätte die Königin von Saba in der Wohnung jenseits des Luftschachts gelebt, dann hätte Della eines Tages ihr Haar zum Trocknen aus dem Fenster gehängt, um

Ihrer Majestät Juwelen und Vorzüge im Wert herabzusetzen. Wäre König Salomo der Portier gewesen und hätte all seine Schätze im Erdgeschoß aufgehäuft, Jim hätte jedesmal seine Uhr gezückt, wenn er vorbeigegangen wäre, bloß um zu sehen, wie sich der andere vor Neid den Bart raufte.

Jetzt floß also Dellas Haar wellig und glänzend an ihr herab wie ein brauner Wasserfall. Es reichte bis unter die Kniekehlen und umhüllte sie wie ein Gewand. Nervös und hastig steckte sie es wieder auf. Einen Augenblick taumelte sie und stand ganz still, während ein paar Tränen auf den abgetretenen Teppich fielen.

Die alte braune Jacke angezogen, den alten braunen Hut aufgesetzt, und mit wehenden Röcken und immer noch das helle Funkeln in den Augen, schoß sie zur Tür hinaus und die Treppe hinab auf die Straße.

Wo sie stehenblieb, lautete das Firmenschild: „Mme. Sofronie. Alle Sorten Haarersatz." Della rannte die Treppe hinauf und versuchte atemschöpfend, sich zu sammeln. Madame, groß, zu weiß und frostig, sah kaum nach „Sofronie" aus.

„Wollen Sie mein Haar kaufen?" fragte Della.

„Ich kaufe Haar", sagte Madame. „Nehmen Sie den Hut ab, damit wir es einmal ansehen können."

Der braune Wasserfall stürzte in Wellen herab.

„Zwanzig Dollar", sagte Madame, mit kundiger Hand die Masse anhebend.

„Geben Sie nur schnell her", sagte Della.

Oh, und die nächsten beiden Stunden trippelten auf rosigen Schwingen. Nehmen Sie es nicht so genau mit der zerhackten Metapher. Sie durchwühlte die Läden nach dem Geschenk für Jim.

Schließlich fand sie es. Bestimmt war es für Jim und für niemand sonst gemacht. Keins gab es in den Läden, das diesem glich, und sie hatte in allen das Oberste zuunterst gekehrt. Es war eine Uhrkette aus Platin, einfach und edel im Dessin, die ihren Wert auf angemessene Weise durch das Material und nicht durch eine auf den Schein berechnete Verzierung offenbarte – wie es bei allen guten Dingen sein sollte. Sie war sogar der Uhr würdig. Kaum hatte sie die Kette erblickt, als sie auch schon wußte, daß sie Jim gehören müsse. Sie war wie er. Überlegene Ruhe und Wert – das paßte auf beide. Einundzwanzig Dollar nahm man ihr dafür ab, und mit den siebenundachtzig Cent eilte sie nach Hause. Mit dieser Kette an der Uhr konnte Jim wirklich in jeder Gesellschaft um die Zeit besorgt sein. So großartig die Uhr war, manchmal blickte er wegen des alten Lederriemchens, das er an Stelle einer Kette benutzte, nur verstohlen nach ihr.

Als Della zu Hause angelangt war, wich ihr Rausch ein wenig der Vorsicht und der Vernunft. Sie holte ihre Brennschere heraus, zündete das Gas an und machte sich ans Werk, die Verheerungen auszubessern, die von Freigebigkeit in Verein mit Liebe angerichtet worden waren. Was stets eine gewaltige Aufgabe ist, liebe Freunde – eine Mammutaufgabe.

Nach vierzig Minuten war ihr Kopf dicht mit kleinen Löckchen bedeckt, mit denen sie wundervoll aussah, wie ein schwänzender Schuljunge. Lange, sorgfältig und kritisch betrachtete sie ihr Spiegelbild.
„Wenn mich Jim nicht umbringt, bevor er mich ein zweites Mal ansieht, wird er sagen, ich sehe aus wie ein Chormädel von Coney Island", meinte sie bei sich. „Aber was – oh, was hätte ich denn mit einem Dollar siebenundachtzig anfangen sollen?"
Um sieben war der Kaffee gekocht, und die Bratpfanne stand auf der Kochmaschine, heiß und bereit, die Koteletts zu braten.
Jim verspätete sich nie. Della ließ die Uhrkette in ihrer Hand verschwinden und setzte sich auf die Tischkante nahe der Tür, durch die er immer eintrat. Dann hörte sie seinen Schritt auf der Treppe, unten, auf den ersten Stufen, und wurde einen Augenblick blaß. Sie hatte sich angewöhnt, wegen der einfachsten Alltäglichkeiten stille kleine Gebete zu murmeln, und jetzt flüsterte sie: „Bitte, lieber Gott, mach, daß er mich noch hübsch findet."
Die Tür öffnete sich, Jim trat ein und schloß sie. Er sah mager und sehr feierlich aus. Armer Junge, er war erst zweiundzwanzig – und schon mit Familie belastet! Er brauchte einen neuen Mantel und hatte auch keine Handschuhe.
Jim blieb an der Tür stehen, reglos wie ein Vorstehhund, der eine Wachtel ausgemacht hat. Seine

Augen waren auf Della geheftet, und ein Ausdruck lag in ihnen, den sie nicht zu deuten vermochte und der sie erschreckte. Es war weder Ärger noch Verwunderung, weder Mißbilligung noch Abneigung, noch überhaupt eins der Gefühle, auf die sie sich gefaßt gemacht hatte. Er starrte sie nur unverwandt an mit diesem eigentümlichen Gesichtsausdruck.

Della rutschte langsam vom Tisch und ging zu ihm.

„Jim, Liebster", rief sie, „sieh mich nicht so an. Ich hab mein Haar abschneiden lassen und verkauft, weil ich Weihnachten ohne ein Geschenk für dich nicht überlebt hätte. Es wird wieder wachsen – du nimmst es nicht tragisch, nicht wahr? Ich mußte es einfach tun. Mein Haar wächst unheimlich schnell. Sag mir fröhliche Weihnachten Jim, und laß uns glücklich sein. Du ahnst nicht, was für ein hübsches, was für ein schönes, wunderschönes Geschenk ich für dich bekommen habe."

„Du hast dein Haar abgeschnitten?" fragte Jim mühsam, als könne er selbst nach schwerster geistiger Arbeit nicht an den Punkt gelangen, diese offenkundige Tatsache zu begreifen.

„Abgeschnitten und verkauft", sagte Della. „Hast du mich jetzt nicht noch ebenso lieb? Ich bin auch ohne mein Haar noch dieselbe, nicht wahr?"

Jim blickte neugierig im Zimmer umher.

„Du sagst, dein Haar ist weg?" bemerkte er mit nahezu idiotischem Gesichtsausdruck.

„Du brauchst nicht danach zu suchen“, sagte Della. „Ich sag dir doch, es ist verkauft – verkauft und weg. Heute ist Heiligabend, Jungchen. Sei nett zu mir, denn es ist ja für dich weg. Vielleicht waren die Haare auf meinem Kopf gezählt“, fuhr sie mit einer jähen, feierlichen Zärtlichkeit fort, „aber nie könnte jemand meine Liebe zu dir zählen. Soll ich die Koteletts aufsetzen, Jim?“

Jim schien im Nu aus seiner Starrheit zu erwachen. Er umarmte seine Della. Wir wollen inzwischen mit diskreten Forscherblicken zehn Sekunden lang eine an sich unwichtige Sache in anderer Richtung betrachten. Acht Dollar die Woche oder eine Million im Jahr – was ist der Unterschied? Ein Mathematiker oder ein Witzbold würden uns eine falsche Antwort geben. Die Weisen brachten wertvolle Geschenke, aber dies war nicht darunter. Diese dunkle Behauptung soll später erläutert werden.

Jim zog ein Päckchen aus der Manteltasche und warf es auf den Tisch.

„Täusch dich nicht über mich, Dell“, sagte er. „Du darfst nicht glauben, daß so etwas wie Haare schneiden oder stutzen oder waschen mich dahin bringen könnte, mein Mädchen weniger liebzuhaben. Aber wenn du das Päckchen auspackst, wirst du sehen, warum du mich zuerst eine Weile aus der Fassung gebracht hast.“

Weiße Finger rissen hurtig an der Strippe und am Papier. Und dann ein verzückter Freudenschrei, und

dann – ach! – ein schnelles weibliches Hinüberwechseln zu hysterischen Tränen und Klagen, die dem Herrn des Hauses den umgehenden Einsatz aller Trostmöglichkeiten abforderten.
Denn da lagen die Kämme – die Garnitur Kämme, die Della seit langem in einem Broadway-Schaufenster angeschmachtet hatte. Wunderschöne Kämme, echt Schildpatt mit juwelenverzierten Rändern – gerade in der Schattierung, die zu dem schönen, verschwundenen Haar gepaßt hätte. Es waren teure Kämme, das wußte sie, und ihr Herz hatte nach ihnen gebettelt und gebarmt, ohne die leiseste Hoffnung, sie je zu besitzen. Und nun waren sie ihr eigen; aber die Flechten, die der ersehnte Schmuck hätte zieren sollen, waren fort. Doch sie preßte sie zärtlich an die Brust und war schließlich so weit, daß sie mit schwimmenden Augen und einem Lächeln aufblikken und sagen konnte: „Mein Haar wächst so schnell, Jim!"
Und dann sprang Della auf wie ein gebranntes Kätzchen und rief: „Oh, oh!"
Jim hatte ja noch nicht sein schönes Geschenk gesehen. Ungestüm hielt sie es ihm auf der geöffneten Hand entgegen. Das leblose, kostbare Metall schien im Abglanz ihres strahlenden, brennenden Eifers zu blitzen.
„Ist die nicht toll, Jim? Die ganze Stadt hab ich danach abgejagt. Jetzt mußt du hundertmal am Tag

nachsehen, wie spät es ist. Gib mir die Uhr. Ich möchte sehen, wie sich die Kette dazu macht."
Statt zu gehorchen, ließ er sich auf die Chaiselongue fallen, legte die Hände im Nacken zusammen und lächelte.
„Dell", sagte er, wir wollen unsere Weihnachtsgeschenke beiseite legen und eine Weile aufheben. Sie sind zu hübsch, um sie jetzt schon in Gebrauch zu nehmen. Ich habe die Uhr verkauft, um das Geld für die Kämme zu haben. Wie wäre es, wenn du die Koteletts braten würdest?"
Die Weisen waren, wie ihr wißt, weise Männer – wunderbar weise Männer –, die dem Kind in der Krippe Geschenke brachten. Sie haben die Kunst erfunden, Weihnachtsgeschenke zu machen. Da sie weise waren, waren natürlich auch ihre Geschenke weise und hatten vielleicht den Vorzug, umgetauscht werden zu können, falls es Dubletten gab. Und hier habe ich euch nun schlecht und recht die ereignislose Geschichte von zwei törichten Kindern in einer möblierten Wohnung erzählt, die höchst unweise die größten Schätze ihres Hauses füreinander opferten. Doch mit einem letzten Wort sei den heutigen Weisen gesagt, daß diese beiden die weisesten aller Schenkenden waren. Von allen, die Geschenke geben und empfangen, sind sie die weisesten. Überall sind sie die weisesten. Sie sind die wahren Weisen.

Wie viel Engel sitzen können

CHRISTIAN MORGENSTERN

Wie viel Engel sitzen können
auf der Spitze einer Nadel –
wolle dem dein Denken gönnen,
Leser sonder Furcht und Tadel!

„Alle!“ wird's dein Hirn durchblitzen.
„Denn die Engel sind doch Geister!
Und ein ob auch noch so feister
Geist bedarf schier nichts zum Sitzen.“

Ich hingegen stell den Satz auf:
Keiner! – Denn die nie Erspähten
können einzig nehmen Platz auf
geistlichen Lokalitäten.

Das Kind mit dem Kätzchen

VICTOR BLÜTHGEN

Es ist Heiligabend, obwohl kein Schnee auf den Straßen liegt und die Luft eher herbstlich als winterlich weht. Die Dämmerung ist hereingebrochen. Was an diesem Tage etwas zu bedeuten hat:
„Mutter, es wird schon dunkel. Geht's noch nicht bald an?"
„Mann, bist du noch nicht fertig? Es wird wieder so unausstehlich spät, wie voriges Jahr."
„So geben Sie her, Fräulein. Das Ding ist zu teuer, aber es dämmert schon, und ich habe keine Zeit mehr, um mit Ihnen zu feilschen."
„Noch eine Schnarre, lieber Herr? Es ist bald Nacht, und ich habe erst eine einzige verkauft. Bitte schön, lieber Herr!"
So redet das in der Dämmerung.
Auf der Straße hier blüht noch der Weihnachtsmarkt: erleuchtete Buden, Harmonikablasen, Pfeifen, Trommeln, Drängen und Treiben und Summen. Wie auf dem Pflaster da die wechselnden Lichter und Schatten durcheinander laufen!

Und die Menschen sind auf der einen Seite goldbestrahlt, auf der anderen ganz schwarz.
Gedämpftes Budenlicht fällt in einen Torwinkel, da steht ein Kind, ein Kätzchen zwischen den Füßchen. Es gibt Kinder, welche aussehen wie von irgendwoher auf die Erde geschneit, und dieses Kind ist ein solches.
Es steht auch plötzlich so da, niemand hat es kommen sehen. Es blickt in die Budenherrlichkeit hinüber, und sein Gesicht spiegelt dunkel empfundenen Kummer und hoffnungslose Wünsche. Wäre es ein Bild, man würde darunter schreiben: Vergessen!
Das Kätzchen zwischen den nackten Füßen sagt von Zeit zu Zeit: „Mir auch! Mir auch!" – ganz deutlich.
Zwei Damen halten vor der Gruppe an, in Pelz und Schleier.
„Das arme Würmchen! Ohne Zweifel friert es, aber es ist so neugierig, dass es aushält. Freilich haben diese armen Geschöpfe nicht viel vom Fest außer dem Anblick des Weihnachtsmarktes."
„Ei, es ist gut, dass sie sich von Jugend auf an Entbehrungen gewöhnen. Übrigens haben wir zwei Bescherungsvereine für arme Kinder. Gehen wir also!"
Und sie gehen.
„Solch ein Fest kostet mich wenigstens zweihundert Taler", sagt ein Mann zu einer Dame neben ihm.
„O, sehen Sie dies Kind hier! Welch' eine auffallende Erscheinung!", ruft die Dame.

„Bitte, bitte, wir haben keine Minute Zeit."
Das Kätzchen rührt sich, als sie ein paar Schritt fortgegangen sind. „Mir auch! Mir auch!" – sie hören es gar nicht mehr.
Aber zwei junge Männer haben es gehört, und einer davon wendet das Gesicht herüber.
„Da steht solch ein Ding, das seine Mutter zum Betteln hergestellt hat. Heute muss man ein Übriges tun. Ah – na, dann heb dir ihn selber auf."
Das Kind hat den Groschen nicht genommen, dort liegt er auf der Erde, wo er hingefallen. Die jungen Männer entfernen sich.
„Ich habe meine Grundsätze", sagt der zweite, und man versteht jedes Wort in dem dämmerigen Torwinkel. „Ich gebe grundsätzlich nur an Leute, deren Verhältnisse ich kenne. Diese Bettler leben mitunter zu Hause sehr gut."
„Mir auch! Mir auch!", ruft kläglich das Kätzchen.
„Papa, bringt dem da das Christkind nichts?" Ein kleines Mädchen zeigt auf die Gruppe.
„Vielleicht nicht. Arme Kinder sind meist unartig und nicht fleißig. Überhaupt trägt es in die schönsten Wohnungen immer das meiste und Schönste, das ist ganz natürlich."
„Soll ich dem Kinde etwas geben?"
„Oho, das müssen wir doch dem Christkind überlassen."

Das Kind mit dem Kätzchen lässt dem kleinen Mädchen und dessen Vater verstohlene Blicke nachgehen, und es zuckt ihm um die tiefen Winkel des Kirschenmündchens. Indem hört es, wie einer im Vorübergehen murmelt: „Ach was! Man hat selber fünf Kinder."
Ein etwas dünn angezogener Mann, der ein paar kleine Päckchen mit langem Arm in die Seite presst. Da rennt er nun hin!
In den Buden wird jetzt eingepackt. Die Glocken läuten, der Lichter werden immer weniger. Dafür sieht man in ein paar Fenstern brennende Christbäume.
Das Kind steht noch immer auf der nämlichen Stelle. Jetzt kommt ein Junge die Straße her, derselbe, der Schnarren zu verkaufen hatte. Er hält noch eine Schnarre zwischen den Zähnen und zählt eifrig Geld aus der Tasche in die Hand.
„Mir auch! Mir auch!"
Der Junge fährt auf und sieht das Paar in dem Torwinkel.
„Gott bewahre", spricht er mitleidig durch die Zähne, welche die Schnarre halten. „Da hast du den Waldteufel, es ist der letzte. Dreh mal – so, Kleiner! Auf den Waldteufel soll es mir nicht ankommen; aber das Geld brauchen wir selber zu nötig."
Das Kind lächelt ein wenig und lässt schüchtern den Waldteufel schnarren, und der Junge nickt ihm gutherzig zu, dann geht er weiter und fährt fort zu zählen.

Er sieht nicht, wie das Kind hinter ihm drein kommt mit den nackten Beinchen.
Nun steht er in einer Stube – das ist ein Loch mit einem Ofen, einem Tische, einer Bank, einer Bettstelle, einem Strohbund und mit einem Häufchen Lumpen, welches dasselbe bedeutet wie bei anderen Leuten der Kleiderschrank. Im Bett liegt eine kranke Frau.
„Alles verkauft, bis auf einen, Mutter“, sagt der Junge.
Und plötzlich: „Gott, das brennt ja wohl nebenan?“
Durch die Ritzen in der Tür fällt Lichtschein. Der Knabe springt hin und öffnet.
Da steht das Kind mit dem Kätzchen im Flur, in der Hand die Schnarre. Es steht da in einem zitternden und geheimnisvollen Lichtglanz, der gleichsam die Haut und die Lumpen an ihm durchtränkt. Die tiefen Augen sind voll Liebe, und der kleine Mund lächelt.
„Selig sind die Barmherzigen“, sagt es.
Der Glanz dunkelt wieder – es ist verschwunden.

Fürchtet euch nicht!

EUGEN ROTH

Von Weihnachten her fährt ein glitzerndes Silberband herum, zehn Mal lag es schon im Papierkorb, aber Stefan zieht es immer wieder heraus. Er lässt sich's kunstvoll um sein lockiges Haupt winden, er ist ein Engel und schwebt mit tausend Schnaxen und Faxen durchs Zimmer. Beim Frühstück gibt er keine Ruhe: der Papi muss auch ein Engel sein! Er klettert an mir herauf, schlingt mir das Band um den Kopf, verlangt, dass ich wenigstens ein bisschen herumflattere. Ich bin nun wirklich kein Engel an Geduld, er schleppt mich vor einen Spiegel, ich muss mich überzeugen, wie ich als Engel ausschaue. Ich finde mich freilich einem alten Römer ähnlicher als einem himmlischen Boten, ich habe bald genug von dem kindischen Spiel, ich greife zur Zeitung, trinke meinen Tee und vergesse völlig meinen läppischen Kopfschmuck.
Auch der Stefan ist längst kein Engel mehr, sondern ein Bösewicht voller aufreizender Ungezogenheiten. „Jetzt habe ich es satt!", rufe ich zornig und stelle mich mit drohend erhobener Hand vor ihn hin. Er aber strahlt mich furchtlos an, schüttelt die Locken und sagt, mit seinem süßen Stimmchen, mild verweisend: „Engel hauen keine Kinder!"

Das Tannenbäumchen

Marie Bürkner

Schon mehrere Wochen lang war der Winter Herrscher im Lande. Er führte ein strenges Regiment, und heute wütete in dem hochgelegenen Gebirgswäldchen ein solcher Sturm, dass sich selbst die ältesten Bäume einer ähnlichen Nacht nicht erinnern konnten. Aber sie beugten sich vor seiner Gewalt; denn trotziger Widerstand würde die Gefahr nur vergrößert haben.

Die jüngeren Bäume waren weniger geduldig; sie erhoben laute Klagen, und namentlich ein schlankes Tannenbäumchen vermochte kaum, seiner Unzufriedenheit Worte zu verleihen. „Was ist das für ein elendes Leben hier im Walde", so murrte es. „Von jedem Wetter muss man sich zerzausen lassen! Wer doch in der Stadt wäre!"

Der stürmischen Nacht folgte, wie es oft der Fall ist, ein heiterer Morgen; der Morgen des 20. Dezember. Das war ein wichtiger Tag für unsern Wald; denn in den ersten Stunden desselben pflegte der Förster die Bäume zu bezeichnen, die gefällt und in der nahen Stadt als Christbäume verkauft werden sollten. Mit Spannung wurde auch heute sein Kommen erwartet, und fast alle, die er wählte, nahmen traurig von der

Heimat Abschied. Nur die unzufriedene junge Tanne, die der Förster mit der Wurzel ausheben ließ, freute sich.
Es war eine beschwerliche Fahrt nach der Stadt hinunter; die Bäume wurden tüchtig hin und her gerüttelt. Dieser Anfang des neuen Lebens gefiel unserer Tanne gar nicht, und wie der beschneite Wald, der in der Morgensonne so feierlich strahlte und glitzerte, immer weiter zurückblieb, da wollte sich fast Heimweh in ihr regen. Doch das wurde schnell abgeschüttelt. „Nun will ich mein Leben genießen!", dachte das Bäumchen, als es auf dem Marktplatz abgeladen wurde, und breitete fröhlich seine Äste aus.
Es dauerte nicht lange, so fand sich ein Käufer für den schöngewachsenen Baum. Und als die Tanne in einem reichen Hause in der warmen Stube stand und die Kinderschar sie jubelnd umringte, da konnte sie kaum noch begreifen, wie sie so lange das eintönige Leben im fernen Walde ertragen hatte.
So kam der Weihnachtstag heran. Am frühen Morgen schon begann der Hausherr mit dem Anputzen

des Baumes, der bald in reichem Schmucke dastand. Am Abend aber, als die Kinder unter seinen Zweigen ihr Weihnachtslied sangen und mit glänzenden Augen zu dem lichterfunkelnden Christbaum aufblickten, der mit seinen hellen Kerzen so festlich strahlte, da begann unser Bäumchen zu glauben, es müsse doch etwas ganz Besonderes sein, dass ihm so viel Bewunderung gezollt werde.

Es verlebte einen schönen Weihnachtsabend, dem fröhliche Festtage folgten. Auch dann noch behauptete es seinen Platz im Zimmer, da die Kinder sich nur ungern von dem liebgewordenen Freunde trennen wollten. Am letzten Abend des Jahres wurde es seiner süßen Last beraubt, und der Vater benutzte die Gelegenheit, um den Kindern zu zeigen, wie reich ein solcher Baum schon vom Schöpfer ausgestattet sei, so dass er kaum noch besonderen Schmuckes bedürfe.

„Darum wollen wir auch", so schloss der Vater, „unsern schönen Baum im Garten einpflanzen lassen, sobald die Sonne einmal warm genug scheint und den ärgsten Frost aus der Erde nimmt."

So wurde der Baum einstweilen in einen dunklen Winkel des Holzschuppens gestellt. Dort wollte es ihm freilich nicht behagen nach der schönen Festzeit im warmen Zimmer; aber er tröstete sich damit, dass er ja bald eingepflanzt werden sollte, und dann hatte er es besser als all seine früheren Gefährten.

Aber Woche um Woche verging, und niemand kam, den Weihnachtsbaum aus seiner Ecke zu holen. Der Vater war kurz nach dem Fest von schwerer Krankheit befallen worden, die alle Gedanken der Seinen in Anspruch nahm, so dass die Tanne vergessen wurde.

Da sank dem Tannenbäumchen allmählich der Mut. Wohl lag es im Schuppen geschützt und hatte so viel Erde im Kübel, dass es einstweilen noch sein Leben fristen konnte. Wie oft aber, wenn das Dach des Schuppens im Winde klapperte, sehnte es sich nach den Stürmen des Waldes! Wie gern hätte es sich unter ihrer Wucht gebeugt, frei und kräftig im sichern Boden stehend, um im Wind und Wetter Kraft und Wachstum zu erringen! Nun stand ihm im dunkelsten Winkel eines dumpfen Schuppens, fern von Licht und Luft, ein langsamer Tod bevor. Dazu wurden die Tage wieder länger, die Sonnenstrahlen spielten immer heller durch das winzige Fenster herein. Der arme Baum wagte nicht, sich das Leben und Weben des Waldes zu dieser Zeit auszumalen. Auch ihn wärmten einst die Sonnenstrahlen, auch ihn küsste einst die frische Luft; doch das war vorbei, vorbei für immer – und sein schönes, freies Leben hatte er im Übermut eintönig gescholten!

„Warum hielt ich mich für besser als die andern! Könnte ich noch einmal am Waldesrande stehen im Kreise der Gefährten, mit ihnen vom nahen Frühling

flüsternd – nie wieder wollte ich undankbar sein!"
Wahre Reue kommt nie zu spät; das sollte auch das Bäumchen erfahren.
Eines Tages hatte der Diener beim Zerkleinern des Holzes den Weihnachtsbaum entdeckt und ihn aus seiner Ecke gezogen. Wie welk und krank sah er aus; die trockene Erde war fast ganz von den Wurzeln abgebröckelt. „Der taugt auch nur noch zum Brennen", meinte der Mann gleichgültig und trug ihn mit dem andern Holz in den Hof. Dort schien die Sonne hell und freundlich.
„Wie zum Abschied!", dachte das Bäumchen und sandte ihr zum Dank seinen Duft zu.
Doch „Sieh, Väterchen, unsern Weihnachtsbaum!" ertönte dicht neben ihm eine Kinderstimme. „Muss er nun sterben? Er duftet noch so schön, der liebe, liebe Baum!" Und ein freundliches Lockenköpfchen drückte sich in die grünen Zweige.
„Wie schade, dass er vergessen wurde!", rief nun auch der Vater, der endlich wieder genesen war. „Ich hatte es so gut mit ihm gemeint. Doch sieh, die Erde, die an seinen Wurzeln klebt, hat ihn vielleicht gerettet; wir wollen versuchen, ihn noch einzupflanzen."
So geschah es; mit vieler Sorgfalt wurde der kranke Baum in die gelockerte Erde gesetzt und gepflegt, bis er sich nach einigen Wochen erholt hatte. Und als nun mit dem Frühling neues, frohes Leben rings im Garten erwachte, und hier und da schon ein Blüm-

chen sich herauswagte – wie fröhlich und dankbar breitete da das Bäumchen seine Äste dem Lichte und der Sonne entgegen und hätte am liebsten mit den Vöglein um die Wette gesungen, die sich in seinen Zweigen ein Nestchen bauten. Wohl war der Garten nicht groß, der Boden nicht so kräftig und die Luft nicht so frisch und frei wie einstmals im Walde, doch: „Nie wieder will ich hochmütig und undankbar sein!“, sagte das Bäumchen und wuchs fröhlich auf im grünen Rasen, seinen Wohltätern und sich selbst zur Freude.

Quellenverzeichnis

Texte

Arno Backhaus, Der Schandfleck. Erschienen in: Arno Backhaus, Arnos Advents- und Wy-nachtsbuch. © 2001 by Joh. Brendow & Sohn Verlag GmbH, Moers.

Rotraud Susanne Berner, Weihnachten von A-Z © Rotraud Susanne Berner. Erschienen in: Das große Buch der Weihnachtszeit © Gerstenberg Verlag, Hildesheim.

Agatha Christie, Der unfolgsame Esel. Erschienen in Agatha Christie, Es begab sich aber … © 1965 bz Agatha Christie Ltd., für die deutsche Ausgabe. Scherz Verlag, Bern, Frankfurt am Main. Alle Rechte vorbehalten S.Fischer Verlag GmbH, Frankfurt am Main.

Axel Hacke, Der erkälteste Mensch der Welt. Erschienen in: Axel Hacke, Ich habs euch immer schon gesagt © Verlag Antje Kunstmann GmbH, München 1998.

Hanns Dieter Hüsch, Feiertage (Nervös). Erschienen in: Hanns Dieter Hüsch, Die Bescherung, CD © tvd-Verlag Düsseldorf, 2001.

Hanns Dieter Hüsch, Der Baum. Erschienen in: Hanns Dieter Hüsch/Marc Chagall, Das kleine Weihnachtsbuch, Seite 34ff, 2011/14 © tvd-Verlag Düsseldorf, 1997.

Erich Kästner, Als der Nikolaus kam. Erschienen in: Erich Kästner, Ein Schwein beim Friseur © Atrium Verlag, Zürich 1962 und Thomas Kästner.

James Krüss, Wüstenweihnachten. Aus: Weihnachten im Leuchtturm auf den Hummerklippen. Boje Verlag in der Bastei Lübbe GmbH & Co. KG © 2008 Bastei Lübbe GmbH & Co. KG, Köln.

Bernd-Lutz Lange, Weihnachten. Erschienen in: Bernd-Lutz Lange: Magermilch und lange Strümpfe © Aufbau Taschenbuch, Berlin 2003. Erstmals erschienen im Gustav Kiepen-

Wir danken den genannten Inhabern von Text- und Bildrechten für die freundliche Erteilung der Abdruckgenehmigung. Der Verlag hat sich bemüht, alle Rechteinhaber in Erfahrung zu bringen. Für zusätzliche Hinweise sind wir dankbar.